园长讲育儿故事

——献给优秀的父母

林晓红 / 编著

吉林大学出版社
·长春·

图书在版编目（CIP）数据

园长讲育儿故事：献给优秀的父母 / 林晓红编著．

长春：吉林大学出版社，2025.6．-- ISBN 978-7-5768-5464-0

Ⅰ．G781

中国国家版本馆 CIP 数据核字第 2025AY7781 号

书　　名：园长讲育儿故事——献给优秀的父母
　　　　　YUANZHANG JIANG YU'ER GUSHI——XIANGEI YOUXIU DE FUMU
作　　者：林晓红
策划编辑：卢　婵
责任编辑：张　驰
责任校对：孙　琳
装帧设计：叶扬扬
出版发行：吉林大学出版社
社　　址：长春市人民大街 4059 号
邮政编码：130021
发行电话：0431-89580036/58
网　　址：http://press.jlu.edu.cn
电子邮箱：jldxcbs@sina.com
印　　刷：武汉鑫佳捷印务有限公司
开　　本：787mm×1092mm　　1/16
印　　张：12
字　　数：180 千字
版　　次：2025 年 6 月　第 1 版
印　　次：2025 年 6 月　第 1 次
书　　号：ISBN 978-7-5768-5464-0
定　　价：78.00 元

版权所有　翻印必究

序

教育始于家庭，家庭教育奠定了一个人终身发展的基础。2022年1月1日，《中华人民共和国家庭教育促进法》正式实施，以法律的形式对家庭教育进行了明确规定，足以说明家庭教育对个人发展和社会进步的重要意义。

《中华人民共和国家庭教育促进法》明确指出："未成年人的父母或者其他监护人负责实施家庭教育。""未成年人的父母或者其他监护人应当树立正确的家庭教育理念，自觉学习家庭教育知识，在孕期和未成年人进入婴幼儿照护服务机构、幼儿园、中小学校等重要时段进行有针对性的学习，掌握科学的家庭教育方法，提高家庭教育的能力。"然而，现实生活中，许多父母并未自觉承担家庭教育的主体责任，也缺乏科学育儿的知识和方法。特别是在婴幼儿阶段，不少父母错误地认为"孩子这么小，不需要教育，就算教育他（她），他（她）也不懂"，习惯性地采用哄一哄、骗一骗、骂一骂的方式对待婴幼儿，以为这样就可以把孩子"糊弄"过去，或者"管"住。事实上，这只是控制，而非教育！家庭教育的缺失必然影响一个人终身发展的根基，甚至可能对孩子未来的成长产生不可磨灭的负面影响。例如，有些孩子在小学三四年级就沉迷于网络游戏，对网络游戏产生了强烈的依赖。许多父母百思不得其解："为什么孩子这么小就沉迷网络游戏？以后怎么办？"其实，这并不是孩子的过错，稍加追溯便可发现，这些孩子在婴幼儿时期就被父母用手机代替亲自陪伴，手机成了孩子的"电子保姆"。孩子后来沉迷于网络，难道不是"顺其自然"的结果吗？再如，不少父母责怪孩子缺乏自觉性和自主性，但当孩子在 2～4 岁自主意识萌芽阶段，对任何事情都充满好奇并希望尝试时，父母却因担心孩子做不好、有危险或"捣乱"而加以阻止，剥夺了孩子的自主性发育。此外，许多父母抱怨孩子长大后胆小怕事，却未曾意识到，当孩子在幼儿阶段充满好奇心、敢于尝试时，父母为了省心省事或避免安全问题，而责令孩子"这个不能做，那个不许动"，孩子的胆量和勇敢的品质就这样逐渐流失。诸如此类的不良教育现象不胜枚举，其导致的负面后果往往需要耗费数倍资源和精力来补救，甚至有些后果无法挽回，成为父母和孩子的终生遗憾。因为孩子的成长不可逆，教育孩子没有"后悔药"可吃。因此，婴幼儿的家庭教育绝非可有可无，而是必须遵循婴幼儿身心发展规律，将家庭教育这一基础打牢、打实。

　　正是基于这样的认识和理解，东莞市清溪镇荔横幼儿园、东莞市清溪联升第二幼儿园园长林晓红非常重视家园共育工作。她经常邀请各类专家为家长传授科学育儿经验，希望以此转变家长的教育观念，帮助其掌握科学的家庭教育知识和方法，从而提高家庭教育水平。自 2022 年被评为东莞市名园长工作室主持人后，她便带领团队开展了课题研究"幼儿园家庭教育指导策略的实践研究"，致力于探索更有效、更有针对性的家庭教育指导策略和方法。经过三年的多方论证和实践检验，课题研究取得丰硕成果，并汇集成本书《园长讲育儿故事——献给优秀的父母》。

　　《中华人民共和国家庭教育促进法》第二条规定："本法所称家庭教育，是指父母或者其他监护人为促进未成年人全面健康成长，对其实施的道德品质、身体素质、生活技能、文化修养、行为习惯等方面的培育、引导和影响。"本书以"道德品质、身体素质、生活技能、文化修养、行为习惯"五个方面为框架，结合《3～6岁儿童学习与发展指南》的要求及幼儿的实际情况，细分为30个知识模块。其中，将道德品质分为待人友善、尊重他人、规则意识、爱和归属、诚实守信、求真务实6个知识模块；将身体素质分为健康体态、科学饮食、充足睡眠、动作发展、积极情绪、疾病预防6个知识模块；将生活技能分为生活自理、自我保护、环境适应、家务劳动、公益服务、热爱生命6个知识模块；将文化修养分为兴趣爱好、衣着得体、合理消费、上网有度、文明礼貌、娱乐生活6个知识模块；将行为习惯分为生活习惯、卫生习惯、阅读习惯、探究习惯、语言习惯、交往习惯6个知识模块。以上内容构成了本书完整、全面、科学的知识体系。

　　故事，是一种富有吸引力且易于感染人的叙事形式。众所周知，听故事、讲故事、编故事是婴幼儿的天性。其实不然，几乎所有年龄段的人都喜欢听故事。采用"讲故事"的形式进行阐述，不仅彰显了本书的特色，更体现了作者的独具匠心。本书特点主要体现在以下三个方面。其一，生活化。家庭教育本质上是生活教育，其核心在于日常生活中的点滴实践，正如幼儿园教育融入幼儿的一日生活一样，本书也将抽象的家庭教育观念融入日常生活中的小事，使其通俗易懂，更增强了父母的可感性，让其在感同身受中接收、理解并内化家庭教育原理。其二，趣味化。本书通过真实的事件、丰富的对话和细腻的描写，不仅使读者的阅读过程充满趣味，还在轻松愉快的氛围中引导父母关注细节，透过细节读懂婴幼儿的内心需求。同时，提醒父母注意自身在婴幼儿面前的行为细节，避免因不经意的负面行为对婴幼儿产生不良的影响。其三，可操作性。书中的故事均源于具有丰富实践经验的园长的亲身经历，经过实践探索总结而成。书中少了生硬的理论"说教"，多了简单易学的"方法"，简单明了，甚至可以"拿来即用"，非常适合婴幼儿父母阅读。

　　作为东莞市林晓红名园长工作室的指导教师，我参与、指导并见证了本书的整个写作过程，深刻感受到林晓红园长及其团队对家庭教育事业的孜孜不倦和默默奉献。他们以真心真情对待每一位幼儿及其父母，与其说这本书是写出来的，不如说是用汗水浇灌而成的。本书的出版发行，既是他们努力奉献的回报，也是家园共育力量的智慧结晶。以此为序，愿这股力量源源不断，并以磅礴之势辐射开来，让更多幼儿园和家庭从中受益。

东莞市中小学教师发展中心　正高级教师
东莞市中小学家庭教育与心理健康教育指导中心　主任
广东省家庭教育金牌讲师
张润林
2025年3月

目录

【第一篇　道德品质】

行友善之事　做友善之人　　　　　　　　　　　　　／3

尊重他人　　　　　　　　　　　　　　　　　　　　／8

不打不骂建立规则意识　　　　　　　　　　　　　　／12

孩子和玩偶寸步不离的"秘密"　　　　　　　　　　／19

诚实是引领孩子心灵成长的灯塔　　　　　　　　　　／23

解开孩子夸大其词背后的秘密　　　　　　　　　　　／28

【第二篇　身体素质】

好体态是健康成长的关键因素　　　　　　　　　　　／35

科学饮食　健康"童"行　　　　　　　　　　　　　／40

充足睡眠　保障健康　　　　　　　　　　　　　　　／46

悦动童年　健康起航　　　　　　　　　　　　　　　／51

情绪是生活的调味剂　　　　　　　　　　　　　　　　　/ 56

预防疾病　健康成长　　　　　　　　　　　　　　　　/ 63

【第三篇　生活技能】

整理物品　学会自理　　　　　　　　　　　　　　　　/ 71

让孩子学会保护自己的安全　　　　　　　　　　　　　/ 77

入园分离不焦虑　轻松应对有妙招　　　　　　　　　　/ 81

家务劳动是孩子成长的必修课　　　　　　　　　　　　/ 88

公益在于心　美德践于行　　　　　　　　　　　　　　/ 95

走进大自然

　　——赋予孩子生命的宝藏　　　　　　　　　　　　/ 100

【第四篇　文化修养】

尊重个性　培养兴趣　　　　　　　　　　　　　　　　/ 109

有一种修养叫衣着得体　　　　　　　　　　　　　　　/ 114

小小理财家

　　——幼儿消费观的萌芽　　　　　　　　　　　　　/ 121

别让手机成为孩子的"电子保姆"　　　　　　　　　　/ 127

文明礼貌　浸润童心　　　　　　　　　　　　　　　　/ 133

让娱乐生活成为成长的调色盘　　　　　　　　　　　　　　/ 139

【第五篇　行为习惯】

聚焦生活习惯　培养行为规范　　　　　　　　　　　　　/ 147

卫生习惯不能马虎了事　　　　　　　　　　　　　　　　/ 152

养成"悦"读好习惯　　　　　　　　　　　　　　　　　/ 156

让科学探究的种子在孩子心中生根发芽　　　　　　　　　/ 160

巧"语言"　懂礼貌　　　　　　　　　　　　　　　　　/ 165

学会交好朋友　　　　　　　　　　　　　　　　　　　　/ 172

后　记　　　　　　　　　　　　　　　　　　　　　　　/ 178

第一篇 道德品质

友善待人

行友善之事　做友善之人

　　友善是中华民族的传统美德，是一种对他人有益或对社会产生积极影响的品格，也是每个人都应遵守的基本行为规范。育儿先育德，而友善是幼儿不可或缺的道德品质之一。因此，从孩子幼年起，我们就应引导其学会友善待人。

　　3岁的多多是家里的"小王子"，爷爷奶奶、爸爸妈妈都围着他转，事事都顺着他。他想要什么就给什么，好吃的他先吃，好玩的他先玩，好用的他先用。如果不能满足他的要求，他就会又哭又闹，甚至动手打人。

　　一次，林老师碰见多多妈妈带着多多在楼下花园与其他邻居的孩子玩耍。几个孩子年龄相仿，很自然地，妈妈们聚集在一起聊天，孩子们则聚在一旁玩耍。孩子们在一起，难免会出现"大王"见"小王"的情形。小军正在玩飞机玩具，多多丢开手里的小汽车，凑上来盯着小军手里的飞机，喊道："我也要玩飞机！"小军两只小胳膊一抱，把小飞机搂在怀里，说："我还没飞到终点呢，你先开小汽车吧！""我就要玩，我就要玩。"多多不依不饶，伸手就去抢，小军警觉地护住小飞机，不肯放手。多多更加用力地拉扯，发脾气叫喊着："给我！给我！"随即往小军身上乱打一通，小军也不肯认输，两人立刻扭打在一起。多多妈妈和小军妈妈见状，赶紧跑过去拉开了两人。

"不要打人！你怎么又打人了？"多多妈妈生气地说道。

多多眉头紧锁，双脚跺着地面，眼睛瞪着小军，一边挣扎着伸手抢玩具，一边叫喊："他不给我玩飞机！我要玩！我要玩！"说着说着，多多哭了起来。

多多妈妈见孩子哭了，只好抱着他安抚道："原来多多是想跟小军一起玩飞机呀。好了，别哭了，妈妈让小军跟你一起玩，好不好？"

林老师见状，连忙对多多妈妈说："孩子不懂得如何正确与小伙伴相处，才会引发冲突。这是一个很好的教育契机，父母需要正视问题并正确引导他。"

多多妈妈听后，拉着多多说道："多多，妈妈知道你很想玩这个玩具，没玩到觉得不开心，对吗？但如果你想玩飞机，应该跟小军商量，而不是打人。坏孩子才会打人，你想做坏孩子吗？"

多多低下头，小声说道："我不想做坏孩子，可是我不想玩小车了，我就想玩飞机！他不让我先玩，我就要！我就要嘛！呜呜呜！"

多多妈妈听后，有些生气地说道："你为什么一定要先玩飞机呢？先玩小车，等会儿再玩飞机不行吗？"

"不！我就要玩飞机！"多多坚定地回答。

"你这孩子真是不听话，抢玩具又打人，还有理了，是不是欠揍？"多多妈妈气得几乎要动手"教育"他。

林老师见状，连忙起身拉住多多妈妈，劝道："多多妈妈，先别发火。教育孩子要有耐心，靠打骂是没用的。这个年龄段的孩子往往以自我为中心，在与他人交往时缺乏经验和技能，发生冲突是很正常的。现在孩子正处于情绪不稳定的状态，父母一味批评或责备只会适得其反。不如先体谅孩子的情感，换一种温和的方式引导他。"

接着，林老师走到多多身边，蹲下来拉着他的手，轻声说道："多多，我知道你不是故意抢玩具和打人的，只是不知道如何正确表达自己的想法。

我们可以想一想，如果是你正在玩飞机，别人也用同样的方式对待你，你会喜欢吗？你更希望别人怎么做呢？"

林老师的话让多多陷入了思考。他意识到自己之前的做法确实不妥，于是看着林老师鼓励的眼神，慢慢说道："我不喜欢别人抢我的玩具，如果他还动手打人我会很生气，我希望他能先问问我，经过我的同意。"

林老师微笑着点头，说道："是的，小军也是这样的心情。你的玩具有权自己做主，你可以选择给其他小朋友玩，也可以选择自己玩。同样，别的小朋友的玩具也是他自己的，他可以给你玩，也可以不给你玩。如果你特别想玩别人的玩具，应该有礼貌地问：'请问我可以玩你的玩具吗？'如果别人愿意给你玩，说明你很有礼貌，别人也懂得谦让和分享。同样，如果别人也是这样有礼貌地向你借玩具，你也要学会分享。当然，如果别人不愿意给你玩，你也要理解和接受，绝不能硬抢。就像现在，小军说他的飞机还没飞到终点呢，你可以先开小车，飞机飞了这么久，肯定需要补充能量，你可以先开飞机的能源车和救援车，等飞机降落后马上给它补充能源，这样飞机就能飞得更高更远了。"

多多一听，眼睛顿时亮了起来，兴奋地拍手说道："我要给飞机补充能量，就像《超级飞侠》里的小爱一样。"

林老师轻轻拍了拍多多的肩膀，温柔地笑了笑，说道："很好！那么，多多，现在你应该怎么做呢？"多多毫不犹豫地回答："我现在就去跟小军道歉，我不应该抢玩具和打人，我可以等他飞到终点后再给飞机补充能量，我们可以轮流玩。"

说完，多多马上跑过去对小军说道："小军，对不起！我不应该抢你的玩具，更不应该打人，我以后不会再这样做了。我们重新一起玩吧！"小军听后，终于开心地点了点头。多多看着小军，脸上露出了真诚的笑容。他回想起自己刚才的行为，心中满是感慨。他明白了尊重他人的重要性，决定以后要更加注意自己的言行，只要自己能友善待人，就能得到别人的宽容和友善相待。很快，孩子们又沉浸在游戏中，刚才的不愉快瞬间烟消云散。

多多妈妈看着孩子们的转变，感叹道："我明白了！我以前总是不理解孩子，认为他还小，总想替他解决问题，或用最简单粗暴的方式去处理问题，反而无意中剥夺了他自我成长的机会，导致他越来越不懂得如何与他人友好相处。难怪每次带他出来玩，最后总会和小伙伴们吵吵闹闹，搞得大家都不太愿意和他一起玩了。"

林老师说道："对孩子来说，在家里想要什么大多会得到满足，享受着最高的关注度。尤其是三岁左右，正是孩子自我意识形成的关键时期。这个阶段的孩子往往以自我为中心，用自己的眼光看待外界事物，但绝不能让孩子做事也以自我为中心。这需要父母以身作则，从生活中的点滴小事教育孩子懂得尊重他人、友善待人。想要孩子做出改变，父母在面对孩子的不良行为时，必须先改变自己的做法。代替孩子解决问题或一味斥责，只会让孩子失去成长的机会。我们可以先共情孩子，让他冷静反思，通过提问引导他换位思考，从而帮助他找到问题所在，再鼓励他去承担责任，化解冲突。最后，给予表扬和肯定，帮助他树立信心，以便下次做得更好。"

多多妈妈不断点头赞同："我们平时确实太溺爱孩子了，如果没有正确帮助孩子树立友善意识，未来还会对他的行为习惯和人际交往产生负面影响。作为家长，我们真的需要不断学习，做好孩子成长路上的引导者。"

家庭是孩子的第一所学校，友善品质的养成始于家庭，并在学校教育与同伴相处中逐渐深化。那么，在养育孩子的过程中，家庭教育可以通过哪些方式对其进行引导呢？

1. 家长应发挥榜样作用

首先，家庭成员之间应做到相互尊重、平等相待，避免骄纵和溺爱孩子。平等交往本身就是一种友善的表现。要培养孩子成为友善的人，家长应与家人和睦相处，尊敬和孝顺自己的父母，学会关爱他人。"身教胜于言传"，家长应抓住日常生活中的细节，及时发挥榜样作用，以身作则为孩子营造友善的成长氛围。父母在家应成为孝顺老人、尊重孩子、关爱家人的榜样；在公共场所应表现出友善行为；在日常生活中应经营友好的邻里关系，如在电梯中主动为他人按键、主动问候邻居等。

2. 为孩子提供对友善的"认知"机会

家长应为孩子提供对友善的"认知"机会，帮助其学会经营同伴关系。同伴交往是孩子形成各种品质的重要载体，友善品德往往是通过生活中的点滴细节，在与人交往中潜移默化地形成的。家长应多为孩子提供与他人交往的机会，积极引导和鼓励孩子参与集体活动，并在活动中践行友善品质。可以带孩子参加亲子活动、志愿服务、敬老爱幼活动等。在此过程中，家长应注重孩子的过程体验，逐步深化其对友善的认知。比如，带孩子做客时，可以先让孩子思考需要准备什么、做些什么，而不是全权安排，使其失去"体认"的机会。通过多次实践，孩子才能将友善认知转化为友善行为，从而形成习惯性的理性自觉。

3. 家长应发挥正面激励和强化作用

当孩子表现出友善行为时，家长应及时给予表扬和肯定，以强化其友善意识。例如，当孩子与他人分享玩具时，家长可以说："你其实很想一直自己玩，但看到他也很想玩，所以你选择和他分享，你的分享让他感到快乐，而你也因此感到开心。"这种贴心而真诚的赞扬，比简单的"你真懂事"或"你很棒"更能触动孩子的内心，更容易使其认识到友善的意义。当孩子与他人发生矛盾时，家长应引导孩子以友善、平和的态度共同解决问题，培养其胸怀宽广、富有爱心的品质。通过持续的引导，孩子将逐渐成为友善的人，并增强人际交往能力。

友善是人与人和谐相处的润滑剂，一个人只有以友善待人，才能获得他人的友善相待。无论是幸福的家庭关系、和谐的亲子关系，还是理想的同伴关系，都离不开友善的行为品质。在家庭教育中，培养孩子的友善品质，就是让他们学会以宽容、善良的心态面对世界，尊重和理解他人。培养孩子的友善品质，不仅有助于他们建立积极的人际关系，增强自信和自尊，还能培养他们的合作和互助意识，提升社交能力和情感素养。这种品质，不仅能使孩子在人际交往中更加得心应手，更能让他们在未来的生活中收获更多的友谊和关爱。

尊重他人

尊重是人与人之间最基本的交往原则，包括尊重他人的感受、权利和意见。这不仅仅是一种教育理念，更是一种人生态度。

清晨的阳光洒在幼儿园的彩色屋顶上，为这个充满欢声笑语的地方披上了一层金色的光辉。走进幼儿园，孩子们的笑声如同清晨的阳光一样明媚。在色彩斑斓的教室里，孩子们的欢笑声、谈话声交织在一起，形成一首美妙的乐曲。他们互相交流，分享彼此的快乐。不时有人发出惊奇的呼声，那是他们发现了新的玩具，或是完成了自己的作品。园长和教师们在一旁观察孩子们的活动，不时给予指导和鼓励。他们的脸上洋溢着温暖的笑容，那是对孩子们成长的喜悦和自豪。

然而，在这和谐的氛围中，一丝不和谐的气息却在悄然滋生。在孩子们尽情发挥创意搭建各种建筑的建构区传来一阵激烈的争吵声，打破了这片和谐。原来是子瑜小朋友正兴高采烈地望着自己刚建好的城堡，准备与小伙伴分享这份喜悦，和谐的气氛被睿睿的到来打破。睿睿的眼神中带着一丝调皮与挑衅，他大步走向城堡，不屑地对子瑜说："这算什么城堡，真难看！"子瑜的眼中闪过一丝失落，但是他是一个活泼开朗的孩子，并未被睿睿的话所影响，而是挺起胸膛，坚定地说："这是我的城堡，我觉得很好看！"睿睿听了子瑜的话，眼神中闪过一丝惊讶，他显然没有料到子瑜会如此回应。睿睿不甘示弱，继续挑衅："你的城堡？你搭的这个根本不算城堡！"子瑜的眼神更加坚定，他大声地说："这是我心中的城堡，它在我的想象中存在，不需要你的认同！"听了子瑜的话，睿睿非常气愤，"哼"了一声，突然出手，像一只猛虎扑向猎物一样，将城堡用力一推，让人措手不及！哗啦一声，城堡瞬间倒塌，积木散落一地，宛如一片混乱的战场。子瑜的眼中闪过一丝惊愕，他愣住了，仿佛被定格在那一刻。子瑜看着自己辛辛苦苦搭建的城堡在睿睿的手中毁于一旦，对着睿睿大声地质问："睿睿你为什么要把我的城堡推倒？"睿睿对自己的行为有一瞬的惊慌，但很快又摆出一副满不在乎的样子，嗤之以鼻地说："我觉得不好看！"子瑜看着睿睿这样不知悔悟的态度，眼睛里充满了愤怒，眼泪在眼眶里打转，小手紧紧地攥着，显然在极力控制自己的情绪，他指着面前的积木，声音哽咽地说："这是我好不容易才搭好的城堡！"

　　睿睿却不以为意，满不在乎地回答："这有什么了不起，不就是一堆破木头吗？"子瑜听到，心中的怒火更甚，大声反驳："这是我搭的城堡！老师说了要尊重他人的劳动成果，你怎么可以这么不尊重我的成果！"

　　听到子瑜的话，睿睿一时语塞，眼中闪过一丝慌乱，但很快被他掩饰下去。他轻蔑地看了子瑜一眼，转身准备离开。子瑜见状，更加气愤，他冲上前拉住睿睿，大声说道："你不能走，你要向我道歉！"

　　睿睿一把甩开子瑜的手，高声回应："我不要向你道歉，你有什么了不起！"他的声音很大，引得周围的小朋友纷纷看向他们。这时，郑老师正好经过，听到了睿睿的话。她走过来，看到子瑜被睿睿气得说不出话，眼泪汪汪地望着散落一地的积木，满脸委屈。郑老师先轻轻拍了拍睿睿的肩膀，随后蹲下来，给了子瑜一个温暖的拥抱，并轻抚他的后背。

　　睿睿的话语和行为确实深深伤害了子瑜，但郑老师并未责备睿睿。她认为这是一个绝佳的教育契机，因为睿睿的这种行为并非偶然，而是他尚未意识到自己的言行对他人造成了不尊重。郑老师深知，孩子间的冲突是他们成长的必经之路，而她的职责是做好他们成长路上的引导者。

园长讲育儿故事——献给优秀的父母

于是，郑老师安抚好子瑜，牵着睿睿的手，蹲下来耐心地对他说："我们每个人都有自己珍视的东西，无论是辛辛苦苦搭建的城堡，还是用心完成的作品，都代表了我们的付出和努力。如果别人随意破坏我们的劳动成果，我们的心里一定会很难过。还记得你在美工区画《我心中的城市》吗？"睿睿低下头，回想起自己在美工区画画时，班上画画优秀的琴琴指着他的画说："你这里画得好丑。"当时自己心里非常不舒服，差点哭出来。睿睿点点头，郑老师接着说："当你听到琴琴说你的画丑时，你心里也不好受吧？子瑜现在这种感觉比你当时更伤心。"睿睿听了郑老师的话，开始思考，然后陷入了沉默。郑老师轻轻笑了笑，继续说道："虽然城堡是用积木搭建的，但每一块积木都是子瑜用心选择的，每一个细节都代表了他的努力和创意。更重要的是，子瑜觉得这个城堡是她心中的城堡，这是他想象力的体现。所以，当你不经同意就毁掉它时，子瑜会觉得你是在否定他的想象力和努力，这当然会让他感到非常难过。"

睿睿听了郑老师的话，心中的傲气已经完全消失。他低下头，看着那些散落的积木，又看了看子瑜委屈的眼神，终于认识到了自己的错误，心中满是愧疚。他走到子瑜面前，脸上带着一丝尴尬和羞涩，双手捏着衣角，仿佛在寻找勇气。他的声音小得几乎听不见，仿佛怕被别人发现他的秘密。

"那个……不好意思……"睿睿喃喃道，声音里充满了歉意。他的视线在散落的积木上游移，不敢与子瑜对视，内心五味杂陈。他既想逃离这个尴尬的场面，又想勇敢地面对自己的错误。终于，他深吸一口气，抬起头，眼神坚定地看着子瑜。虽然他的脸上仍然带着一丝羞涩，但已经没有了之前的尴尬。他鼓起勇气，继续说道："对不起，子瑜，我不该推倒你的城堡，也不该嘲笑你的作品。"这一刻，他不再害羞，而是用真诚的态度面对自己的错误。他的话语虽然简单，但充满了诚意和勇气。

子瑜听到睿睿的话，眼中出现了一丝惊讶。他没有想到睿睿会如此坦诚地承认自己的错误。睿睿见子瑜只是看着自己，没有说话，心中有些忐忑。他担心子瑜还在生气，担心自己的道歉没有得到原谅。于是睿睿用求助的眼神望向郑老师，郑老师感受到了睿睿的担忧，她走过去轻轻拍了拍睿睿的肩膀，温柔地笑了笑，表示鼓励和理解。她对睿睿说："道歉的勇气比什么都重要。"说完郑老师温柔地看着子瑜，问道："子瑜，睿睿已经勇敢地道歉了，你愿意原谅他吗？"子瑜看着睿睿那带着歉意的眼神，心中的怒气已经消散。他知道睿睿这次是真的认识到了自己的错误，而且也勇敢地道歉了。"那个……我原谅你了……"子瑜小声地回答，虽然还有些委屈，但已经没有了之前的怒气。他知道，睿睿的道歉是真诚的，而他也愿意给睿睿一个机会。

睿睿听到子瑜的话，心中松了一口气。他看着子瑜，脸上露出了真诚的笑容。他知道，自己的道歉得到了子瑜的原谅，心里特别开心，原来只要自己能够尊重别人，也能得到别人的认可。

他真诚地对子瑜说："谢谢你，子瑜，我以后一定会更加尊重你的劳动成果，不再做出这样的事情了。"子瑜听到这话，终于开心地点了点头。取而代之的是一种理解和宽容。他看了看散落的积木，又看了看睿睿，轻轻地笑了笑，说："好。"睿睿得到子瑜的回应，脸上露出了开心的笑容。他走上前去，捡起散落的积木，递给子瑜，说："我们一起重新搭一个更大的城堡吧！"子瑜接过积木，点了点头，脸上露出了开心的笑容。他们很快又沉浸在了城堡的搭建中，刚才的不愉快瞬间被抛到了九霄云外。睿睿一边搭积木，一边想着自己刚才的行为，心中满是感慨。他明白了尊重他人的重要性，也知道了道歉需要勇气和真诚。他决定以后一定要更加注意自己的言行，不再做出让人伤心的事情。

郑老师静静地站在一旁，面带微笑地观察着两个孩子。她看到睿睿和子瑜一起开心地搭建积木，心中满是欣慰。她知道，睿睿和子瑜都从这次冲突中学到了重要的东西——换位思考，以及尊重他人的感受和劳动成果。而这一切，都得益于睿睿能勇敢地道歉。这次事件不仅让睿睿认识到了自己的错误，也让他们学会了如何处理人际交往中的冲突。更重要的是，两个孩子通过这次经历，更加深入地理解了尊重和道歉的意义。郑老师心中默念道："愿你们在成长的道路上，始终保持这份纯真和善良，勇敢地面对困难和挑战，成为更好的自己。"

不打不骂建立规则意识

新年新气象，元旦前夕，幼儿园里张灯结彩，热闹非凡。幼儿园正在举行亲子庙会活动，吃的、玩的应有尽有，到处都是一片欢声笑语。突然，耳边传来了一阵哭声。只见小瑞坐在地板上，一边哭一边用脚向前踢，双手还不停地左右摆动。小瑞妈妈站在一旁，指着小瑞说道："你起不起来？你要这样就别玩了，我们回去吧。"小瑞用手敲打着妈妈，眼泪一直往下流。"我们不是说好了吗？你想玩可以，但是要排队，大家都要遵守规则，哪有你这样的？"小瑞妈妈气呼呼地说道。小瑞根本不听，反而在地板上打滚。小瑞妈妈见状，说道："我数到三，你再不起来，我就走了，一、二、三！"见小瑞还不起来，小瑞妈妈双手一摆，说道："你就在这滚吧，把衣服弄这么脏，我走了。"小瑞一听妈妈要走，立马伸手拉扯着妈妈的衣服，然后用双手紧紧地抱住妈妈的大腿，一边抱一边哭："呜呜呜，我要玩，我就要玩！"

眼前这一幕很快被李老师发现了。为了不影响活动的进程和其他家庭的心情，李老师走过去对小瑞妈妈说："别生气，对待孩子要有耐心，我们先带孩子到办公室坐坐吧。"小瑞妈妈说："好，他实在是太气人了，已经不止一次两次这样了。一有什么要求没满足，他就撒泼打滚，每次跟他约定好的也总是反悔，一点规则意识都没有。"

  来到办公室，小瑞依旧哭个不停。小瑞妈妈见状更生气了，说道："还哭，信不信我打你！"小瑞紧紧地闭着双眼，双手做出遮挡的动作，身体微微颤抖，脸上露出了害怕的表情。李老师赶紧拉住了小瑞妈妈，对她说："您看到孩子现在害怕的样子，您是什么感受？""看到他这样，我心里也不好受。其实，我并不是真的想要打他，只是想吓吓他。"小瑞妈妈说。李老师又问："您觉得此刻他最需要什么？"小瑞妈妈想了想，说："如果我感到害怕的话，我最希望有个人能过来抱抱我。"李老师说："是的，那您应该知道怎么做了。"于是，小瑞妈妈走到小瑞身边，蹲下来，伸出双臂，给了小瑞一个深深的拥抱。时间仿佛在这一刻静止了。过了许久，小瑞妈妈才结束这个拥抱。只见小瑞妈妈的眼角有一丝泪珠一闪而过，不易被人察觉。也许是她觉得平时对小瑞太严厉了，也许是太久没有抱抱孩子，又或许是因忽略了孩子的感受而感到难过。

  小瑞渐渐平复了下来，哭声也停止了。李老师对小瑞妈妈说："现在您和孩子都处于冷静的状态，这个时候跟孩子讲道理，他是最能听进去的。"小瑞妈妈说："我试试。"随后对小瑞说道："来，宝贝，哭了这么久是不是渴了？我们先喝点水吧。"小瑞点了点头。小瑞妈妈继续对他说："小瑞，在地上打滚是不对的，总是把衣服弄脏，再这样我就不帮你洗衣服了。大家玩游戏都在排队，你要遵守规则，不然没有小朋友愿意跟你玩。"小瑞看了看妈妈，没有说话。小瑞妈妈继续说道："我们要做个遵守规则的好孩子，知道了吗？"小瑞点了点头，呆呆地盯着前方，脸上流露出茫然的表情，似乎完全不知道自己错在哪里。"我问你话呢，要回答啊。"小瑞妈妈眉头紧皱，瞪大双眼，不自觉地提高了音量，仿佛在压抑着心中的怒火。李老师见状，对小瑞妈妈说："来，您跟我一起做，深呼气，吐气。我们讲道理也要注意方法，您先看我怎么做。"李老师转向小瑞，轻声说道："在地上打滚是不对的，而且容易弄脏衣服，你妈妈每天都要帮你洗衣服，很累的。你看，老师这里有个小玩偶，如果它在地板上滚来滚去，它会怎么样？""它会变得很脏。""是的，脏兮兮的小朋友，你喜欢吗？""不喜欢。""对呀，衣服弄脏了，它也会难过。你是它的小主人，你要爱护好它哦！""嗯，我很厉害的。"小瑞自信地说道。

李老师接着对小瑞妈妈说："跟孩子讲道理时，一定要在情绪平和的状态下，引导孩子去感受，还可以通过讲故事的方式让孩子领悟其中的道理。"小瑞妈妈点点头说："是的，我平时也会经常给他讲故事，他也很喜欢听。那我用讲故事的方式跟他讲道理，是不是更容易让他接受？"李老师回应道："对，您来试试看。"

小瑞妈妈将小瑞抱在怀里，温柔地说道："妈妈给你讲个小故事吧。有一天，小兔子和小猴子约好一起去玩滑梯，可是滑梯太小了，一次只能上来一个小动物。小兔子说：'我先玩！'小猴子也说：'我先玩！'它们谁也不让谁，互相挤来挤去。突然，小兔子摔倒了，疼得它大哭了起来。小猴子见状，对小兔子说：'对不起，我应该排队的，你玩一次，我玩一次，我们轮流玩吧。'小兔子点点头，接着，它们排好队，一人玩一次，再也不会你推我挤了。"小瑞听得很认真，小瑞妈妈继续说道："如果大家都不排队的话，你觉得会发生什么？"小瑞回答："会像小兔子那样摔倒，然后就会流血，很疼的。"小瑞妈妈说："是的，所以我们玩游戏的时候要排队，耐心等待。而且，我们在后面排队的时候，还可以一边看看别的小朋友是怎么玩的，等轮到你玩的时候，你就可以玩得更好。"小瑞点点头说："嗯嗯，我就会像超人一样厉害。"他开心地手舞足蹈，嘴角挂着抑制不住的笑意，仿佛刚才的不愉快都被此刻的快乐取代了。小瑞妈妈总结道："是的，所以我们要遵守规则，大家都排好队，就不容易受伤。"

李老师对小瑞妈妈说道："您刚才做得很好，您觉得如何跟孩子沟通，孩子才愿意听？"小瑞妈妈回答："我觉得首先要允许孩子犯错，理解孩子，然后用他能听懂的语言与他沟通，引导他感受这样做是不对的，最后再给予表扬和肯定，帮助他树立信心，以便下次做得更好。"李老师点头说道："是的，先接纳孩子，然后引导孩子共情，再帮助他梳理问题，最后给予肯定。"

小瑞妈妈接着说道："我明白了，但在家里，情况就完全不同了。爷爷奶奶非常宠他，有时候明明说好看半个小时的电视，结果到点了他还不关。我一说他，他就哭，然后爷爷奶奶就过来哄，结果又让他继续看。他爸爸和我的想法一致，但因为爷爷奶奶特别宠他，毕竟只有一个宝贝孙子，他爸爸也很无奈。所以每次都是我在教育，真是烦透了。每次我都想给孩子立规矩，但总是没效果，孩子根本不听，说好的事情也总是反悔，像这样的情况，我应该怎么办呢？"

李老师问道："您认为导致小瑞没有规则意识的原因是什么？"

小瑞妈妈想了想，回答道："应该是爷爷奶奶太宠他了，百般纵容，孩子说什么就是什么。"

李老师分析道："是的，导致小瑞没有规则意识的原因主要有两点。一是爷爷奶奶过度纵容，家长过于顺从孩子，这会导致孩子过度以自我为中心，想怎么样就怎么样，缺乏规则意识；二是家长在规则执行上不够坚定，像您前面提到的，明明跟孩子讲好了规则，但孩子却总是出尔反尔。其实，这是因为家长对制订的规则时而强硬、时而妥协，这会让孩子认为规则是可以随意更改的，从而导致孩子无视规则。"

小瑞妈妈连连点头，说道："是的，就是这样。比如上次他爸爸的朋友来家里玩，带了一些糖果和饼干，他一直吃个不停。我就告诉他不能再吃了，因为吃多了又上火又容易蛀牙，而且已经跟他约定好，每天自己吃完一碗饭就奖励他一颗糖。结果有一次他没吃完饭就吵着要吃糖，他奶奶就去拿给他，还说没关系，他要吃就给他吃。他完全没有规则意识，跟小朋友玩也总是被投诉，说他不遵守规则，要么插队、要么直接上手抢，小区里的孩子都不愿跟他玩，我真是头疼。"

李老师安慰道："不着急，慢慢来。其实刚才您也看到了，小瑞还是讲道理的，只要慢慢引导，他还是可以改变的。但规则意识的缺失并不是小瑞一个人造成的，还与他所处的生活环境密切相关。"

小瑞妈妈赞同地说道："是的，我们作为父母也要以身作则，坚守原则。俗话说：'没有规矩，不成方圆。'做任何事情都要遵守一定的规则，而规则意识的培养应该从小开始。"

李老师说道："是的，家庭成员之间也要达成共识，确保教育效果一致。

祖辈与父辈对孩子的要求应当统一，大家可以通过协商，在教育理念上达成一致。同时，家长要以身作则，树立规则意识。父母的言传身教尤为重要。不允许孩子做的行为，父母也要自我约束，做好榜样。例如，如果不允许孩子看电视，在规定的时间内，父母自己也不能看电视；规定孩子不能看手机，那在孩子面前自己也不能玩手机。"

小瑞妈妈回应道："嗯，我明白了。看来我还需要多学习。听完您的分析，我才意识到自己的问题。每次跟他制订好规则后，总是因为心软而未能坚持执行，最终导致规则形同虚设。那我具体应该如何培养孩子的规则意识呢？"

李老师解释道："您能有这样的反思非常好。作为父母，我们也是在跟孩子一起成长。实际上，我们可以灵活运用奖励、适度惩罚、冷处理等多种方式对孩子进行规则教育。例如，多采用表扬和鼓励的方式。教育孩子时，多以正面强化为主，当孩子表现出良好的行为时，及时给予积极反馈，激发孩子进一步表现出积极行为，从而形成良性循环。"

小瑞妈妈问道："那如果孩子能够独立吃饭，我们是不是可以及时给予鼓励和表扬？比如夸他能自己吃完一碗饭很棒，给他买喜欢的玩具，或者允许他看一会儿电视？"

李老师肯定道："是的，您说得对。奖励的方式可以多样化，既可以是物质奖励，也可以是精神奖励。例如，孩子自己吃饭、遵守规则时，父母可以口头表扬，也可以奖励他吃一颗糖果，或者安排周末出游等。当然，表扬或奖励要及时，并且要言而有信。但是，仅仅依靠奖励是不够的，对于孩子不合理的要求和行为，也需要进行适当的惩罚。"

小瑞妈妈继续问道："当孩子不守规则时，打骂根本没用，过后他还是一样不遵守规则。那我应该如何对孩子进行惩罚呢？"

李老师回答道："首先，要明确定义，让孩子明白被惩罚的对象是孩子的不良行为，而不是孩子本身。当孩子出现执拗或不遵守规则的行为时，父母可以采用恰当的惩罚方式。建议采用'自然后果法'，这实际上是孩子对自己所做选择的'自我惩罚'。例如，如果孩子在吃饭时总爱看电视，父母不必打骂、训斥或责备，也不必轻易妥协，而是让孩子体验不按时吃饭会饿肚子的难受滋味，以此作为一种体验式惩罚。在面对孩子不守规则的行为时，父母要坚持原则，不妥协，必要时采取适当的惩罚措施。此外，当孩子出现不遵守规则的行为或试图打破规则时，我们还可以召开家庭会议。在家里找一个相对安静的地方，所有家庭成员必须配合参加，然后提出要讨论的问题。这个时候，我们与孩子是完全平等的，要允许孩子表达自己的任何情绪，无论是大哭、大喊还是愤怒，都是可以接受的。"

小瑞妈妈说："嗯，我明白了。我们也可以表达自己的想法，等到大家的情绪都平静下来后，再继续强调规则与执行。"

李老师回应道："是的，您掌握得很快。除此之外，我们还可以灵活运用多种方法对孩子进行规则教育。根据具体情况可以尝试以下几种方法。一是角色扮演游戏法。游戏是孩子特别喜爱的活动，孩子可以通过角色扮演学习相应的规则。二是冷处理法。若孩子因不给买玩具而情绪失控、大喊大叫，可先将其抱离现场，不责骂、不理睬、不批评，让孩子明白哭闹无法让父母妥协，也无法解决问题。三是预警法。提醒孩子，如果不遵守规则，下次就不能出去玩了，如在超市乱跑、破坏物品，下次就不带孩子去超市。四是亲子绘本阅读法。通过亲子阅读渗透规则教育。许多优秀的绘本中都蕴含了规则教育，如《大卫，不可以》《图书馆狮子》《手不是用来打人的》《不睡觉世界冠军》等。通过阅读绘本，孩子会将自己的生活投射到故事中，从主人公身上学会遵守规则。"

小瑞妈妈赞同道："是哦，我怎么没想到用他喜欢的绘本故事来引导他呢。"

李老师继续说道："当孩子有了一定的规则意识后，您可以让孩子一起参与规则的制订。"

小瑞妈妈说道："这个他应该会很喜欢，其实我家小瑞很有想法，每次允许他看电视时都要跟我讨价还价。"

李老师解释道："每个孩子都是独立的个体，我们应当让孩子参与规则的制订，一起讨论和商量，并由孩子自己决定一些关键要素。例如，与孩子商量每天看电视的时间,看电视的时长可以由孩子自己来决定。当然,我们要与孩子进行讨论,确定一个相对合理、可执行的方案。对于孩子来说,亲自参与规则的制订,不仅可以培养他的主人翁意识,还会让他更乐意去执行规则,从而养成良好的规则意识。总之,当孩子任性妄为、不守规则时,父母千万不要用打骂、恐吓、责备的方式来处理。孩子出于恐惧或为了避免受惩罚,可能会暂时收敛,但这种效果是短暂的,孩子并未真正将规则内化于心。更糟糕的是,孩子还可能模仿家长,采用暴力的方式来解决问题。"

小瑞妈妈听后连连点头,说道:"是的,我之前也经常犯这样的毛病。现在我知道应该怎么做了,回去我就召开家庭会议,先争取与孩子的爷爷奶奶在教育上达成一致,然后再按照您说的方法慢慢尝试。谢谢李老师!"

李老师总结道:"不客气。规则不是一天就能建立起来的,要找到最适合孩子的方法。其实,教育孩子不仅要有温度,更要有尺度。无论是成人的世界还是孩子的世界,规则下的'自由'才是真正的自由。作为父母,我们要找到规则与自由的平衡点,而这个平衡点需要父母和孩子一起讨论、协商来决定。"

后来,小瑞妈妈给李老师打来电话,说道:"小瑞从那以后改变了很多。他能够有序排队、说到做到,与小伙伴一起玩时也能遵守规则、友好相处。在家还当起了'小老师',谁违反了规则他都会出来制止,并且有模有样地告诉我们该怎么做。作为父母,我感到很欣慰。孩子虽然带给我们许多烦恼,但也带来了许多快乐,同时也让我明白,父母需要和孩子一起成长。规则不是一天就能建立起来的,多给孩子一点时间,也多给自己一点时间,找到最适合孩子的方法,坚持就是胜利。"

是的,亲爱的父母,请告诉孩子,人生漫长、诸多险阻,遵守规则将是这个世界上最简单、最安全的路。最后,送上培养孩子规则意识的四条黄金法则:①单纯的禁止,只会引起孩子的逆反;②路要一步步走,规则要一点点立;③一次小错放任不管,未来会变本加厉;④给孩子制订规则,父母要达成一致。

爱和归属

孩子和玩偶寸步不离的"秘密"

开学至今已有一个月，校园内每天都充满欢声笑语，小班的孩子们格外欢乐，他们天真、活泼、快乐。每天午饭后，小朋友们都会到户外散步，见到老师时都会非常热情地问候："老师中午好！"然而，老师在巡班过程中，发现小一班的小志每天都抱着一个小玩偶，独自静静地坐在角落。今天巡班时，又发现小志抱着象玩偶坐在角落。看到这个情况，老师轻轻走过去，关切地询问："嗨，小志，你好呀，你在干什么呢？"小志看着老师，小声回答："我想妈妈了。"看着小志的状态，老师温柔地将他抱在怀里，轻声安慰："小志，现在妈妈在上班，等你睡醒了，妈妈就来了。"然而，小志依然沉浸在思念妈妈的情绪中。老师继续抱着他，慢慢安抚，直到他渐渐入睡。小志对妈妈非常依恋，每天都要妈妈接送。如果不是妈妈来接，小志就会大哭大闹，不肯回家，直到妈妈来接他。这种状态如果持续下去，将不利于小志的成长。于是，老师决定进行一次家访，了解小志的家庭养育情况，并向小志的父母反馈孩子在园的情况，以便更好地了解孩子的睡眠习惯和情感需求，通过家园共育帮助小志改变这种状态。

放学后，老师来到小志家，发现小志一直紧跟在妈妈身边。妈妈刚坐下，小志立刻爬上妈妈的大腿。爸爸见状，对小志说："小志，老师来我们家做客，要和妈妈聊一会儿，爸爸带你到楼下游乐场去玩，好不好？"小志听到后，立刻对妈妈说："妈妈，你和我一起去好吗？"妈妈说："小志，老师来我们家，要和妈妈聊一些事情，妈妈不能陪你去，你和爸爸先下去玩，好吗？"听到妈妈说不能和他一起下去玩，小志情绪很激动，紧紧抱住妈妈说："不行，我就要和妈妈一起下去玩。"妈妈继续耐心劝说："老师来我们家做客，我们不能都下去玩，这样很不礼貌，小志先下去，好吗？""不要，不要，我就不要。"小志直接坐在地上哭了起来。爸爸看到这一幕，感觉非常尴尬，大声呵斥小志："你怎么一天到晚黏着妈妈？一点都不像个男孩子！你再这样下去，我就要打你了。"老师见状，立即对小志爸爸说："小志爸爸，打骂孩子并不能解决问题。既然孩子不想离开妈妈，我们就在他熟悉的环境里聊天吧。"于是，大家选择了在小志最喜欢的玩具区坐下。小志看到妈妈也坐下来，逐渐放下紧张情绪，和老师一起玩起了玩具。这时，小志妈妈苦恼地说道："小志每天都要我接送，如果哪天我有事不能去接他，他就会大哭大闹。一回到家，见到我，他立马冲到我面前，搂着我的脖子，脸蛋紧紧贴在我的脸上，摸着我的耳朵，生怕我会离开他。吃饭时，他非要坐在我的腿上；我洗碗时，他像膏药似的拽住我的衣服，生怕我走开；就连我上个厕所，他也要紧紧跟着。一个4岁的小男孩，不管在家里还是户外，一刻都不能离开我，而且动不动就哭鼻子。每次看到他这样，我真的很生气，但每次吼完他，自己又会很自责，真的不知道该怎么办。"听到这里，老师初步了解了小志入园前的家庭养育方式，也理解了他为什么养成摸着象玩偶耳朵才能睡着的习惯。于是，老师对小志妈妈说："小志这种情况在生活中并不少见，属于亲子过度依恋状态。依恋是儿童早期生活中最重要的社会关系，是个体社会性发展的开端和重要组成部分，对儿童身心发展，尤其是社会性发展，具有重要影响。在婴幼儿延续生命的过程中，母亲给予孩子无数的'第一次'，第一次喂养、第一次抚摸，使孩子获得了被人关爱的满足感。母亲无限的抚育与关爱构成了母婴间的天然联系，并且这种联系连绵不断。所以，依恋对于婴儿来说，就是他们与母亲（或主要照看者）之间的一种亲密的情感联结。在幼儿园，我也经常听到家长抱怨孩子特别黏人，妈妈走到哪儿就跟到哪儿，几乎一刻都不能离开。即使花很长时间说服和安慰，孩子依然不愿意单独和小朋友玩，看到妈妈对其他小朋友亲密一点就会发脾气。想必很多家长都有这样的'甜蜜负担'。很多时候，家长会把原因归结于孩子胆小、内向，但实际上，这很可能是孩子与妈妈之间没有形成一种安全的依恋关系。"

小志妈妈听了老师的分析后，表现出深深的自责和焦虑。她说道："小志是家中的老三，有两个姐姐。小志和姐姐们年龄相差不到1岁，二姐姐身体比较差，经常生病。因此，小志入园前白天由奶奶照顾，晚上由我照顾。所以，小志一到睡觉时，总是要抱着我，摸着我的耳朵才能入睡。小时候在家中，他一直都有这个习惯，只有摸着我的耳朵才能安心睡着。"老师也向小志妈妈分享了孩子在园的情况："小志在园时一直抱着小玩偶，对小玩偶表现出极大的依恋。"小志妈妈解释说，这是小志从小养成的习惯，因为小志难以入睡，所以她哄他入睡时总是让他触摸自己的耳朵，这给了他极大的安慰和安全感。结合小志的情况，老师向小志妈妈提出了以下几点建议。

（1）积极回应：当小志表达需求时（如哭泣、叫唤），应及时关注和照料，以建立小志对照顾者的信任感。

（2）一致的照顾：尽量保证照顾者的一致性，以便孩子能够建立稳定的关系和安全感。

（3）温暖和接纳：通过拥抱、亲吻、眼神交流等肢体接触和温和的态度，传达对孩子的爱和接纳。

（4）理解和敏锐：注意观察小志的非言语信号和行为，尝试理解他的需求，并适时做出回应。

（5）鼓励探索：鼓励孩子自主探索周围的环境，同时提供"安全基地"，让他知道自己随时可以回到爸爸妈妈身边。

（6）适当的独立性：根据孩子的年龄和能力，鼓励他自己完成事情，从而增强他的自信心和自我效能感。

（7）积极的情绪交流：与孩子分享正面的情绪体验，教导他如何识别和表达自己的感受。

（8）尊重和倾听：尊重孩子的想法和意见，认真倾听他的话，并给予适当的反馈。

（9）创造稳定的环境：为孩子提供一个稳定、有秩序的家庭环境，有助于他建立内在的安全感。

（10）情感对话：与孩子进行情感对话，帮助他了解和处理情绪，这有助于他形成情感调节的能力。

（11）鼓励双向沟通：鼓励孩子表达自己的想法和感受，同时也分享妈妈的感受，促进双方沟通。

小志妈妈听了老师的建议后，表示会努力配合。半个月后，老师再次与小志妈妈沟通，小志妈妈分享了小志在家的变化：现在孩子已经不再担心妈妈离开他，在家能自主玩耍，晚上睡觉时也不再摸着妈妈的耳朵入睡了。他的变化不仅让老师感到欣慰，也使他的父母感到自豪。小志学会了如何适应新环境，并找到了属于自己的安慰方式。幼儿园的每一个角落都充满了爱和支持，真正成了孩子们的第二个家。

幼儿的行为往往反映了他们内心的需求和情感状态。在幼儿园教育中，关注每个孩子的细微变化，了解他们的家庭背景和个性特点，是非常重要的。同时，我们应积极与家长合作，共同制订适合孩子成长的教育计划，为他们提供全方位的支持和关爱。

通过理解和引导，孩子们能够更好地适应新环境，建立健康的自我安慰机制，并充分享受幼儿园生活带来的乐趣。幼儿园不仅是孩子们学习知识的场所，更是他们成长、建立情感联系和自我认知的重要平台。教师在孩子们的成长过程中扮演着重要的角色，教师的关爱和细致引导能够帮助孩子们克服困难，建立自信，找到归属感，从而更好地适应社会生活中的各种挑战。

诚实守信

诚实是引领孩子心灵成长的灯塔

小明是幼儿园大班的孩子,他活泼好动,聪明伶俐,总是带着灿烂的笑容。然而,小明也有一个让老师和小伙伴们头疼的小毛病——爱说谎。每当他犯了错误或想要逃避责任时,总会编造出各种理由来搪塞。

一天,幼儿园里发生了一件小事,却让小明陷入了深深的自责与反思。那天,苏老师让孩子们用颜料装饰森林舞会的画作。小明饶有兴趣地描绘着,突然,他用力一甩,不小心打翻了同桌小丽的颜料,颜料洒了一地,小丽的画也被弄脏了。小丽大声向苏老师哭诉:"老师,小明打翻了我的颜料,我的画也弄坏了!快点赔我的画!"说完,她一边跺脚,一边大哭起来。其他小朋友也纷纷围过来,七嘴八舌地议论着。面对小丽的哭泣和老师的询问,小明下意识地想要否认,涨红着脸低着头说道:"不是我,我没有……"但看着小丽伤心的样子,他心里突然涌起一股说不出的滋味。

看着小明犹豫不决的样子,苏老师想起了自己小时候的一次经历。那时,她也因为害怕受到惩罚而撒了谎,但事后内心的愧疚和不安让她久久不能释怀。最终,她选择了向父母坦白,虽然受到了批评,但心里却感到前所未有的轻松。

诚实是道德品质中最为重要的一环。它不仅是人与人之间信任的基石，更是内心平静与安宁的源泉。一个诚实的人，无论走到哪里，都能赢得他人的尊重和信任；而一个爱说谎的人，即使暂时逃避了责任，也会在未来的某一天因谎言的累积而付出沉重的代价。

想到这里，苏老师轻轻走到小明身边，蹲下身子温柔地问道："小明，你有什么想和老师说的吗？"小明犹豫了一下，低头小声说道："刚刚是我不小心打翻小丽的颜料的，我害怕小丽会生气，也担心老师会责备我，所以才不敢承认。"苏老师听后，没有立即责备，而是用温和的语气说道："小明，你能告诉老师这件事，老师很高兴，因为这就是诚实的表现。但是，我们不仅要对自己诚实，也要对别人诚实。你想想，如果是你的颜料被打翻了，你会是什么感受呢？"小明听了老师的话，低头不语，显得有些犹豫。苏老师见状，继续引导："你知道吗？有一个故事里的孩子，他也犯了错误，但他最后选择了诚实，结果受到了原谅，也因此学到了很多宝贵的东西。"说完，小明的眼神逐渐透露出悔意，眼睛里闪烁着光芒。苏老师继续说道："那我们现在就继续做个诚实的孩子，去跟小丽道歉并说明当时的情况，我相信小丽会原谅你的，好吗？"

在内心的挣扎中，小明最终做出了选择。他深吸一口气，鼓起勇气，走到小丽面前，低声说道："对不起，小丽，是我打翻了你的画画工具，我……我不是故意的。"说完，小明的眼泪也忍不住滑落下来。小丽愣了一下，随即停止了哭泣。她看着小明真诚的眼神，心中的怨气早已烟消云散。她微笑着对小明说道："没关系，小明，我们一起收拾吧。"小明不可思议地转过头看着苏老师，露出惊喜的表情。苏老师微笑着对小明说："你看，小丽已经原谅你了，刚才发生的事情只是一个小意外，重要的是我们要勇于面对自己的错误，做个诚实的好孩子。"说完，小明立刻和小丽一起收拾打翻的画画工具。苏老师看着两个孩子营造出的和谐氛围，心中充满了欣慰。她知道，这次经历不仅让小明学会了诚实面对错误，也让小丽学会了宽容和理解。

为了进一步深化这次教育的意义，苏老师决定与小明的家长进行沟通，共同开展家园共育活动。于是，苏老师利用家长会开展了关于"如何培养幼儿诚实守信的品质"的微讲座。在讲座中，苏老师以小明和小丽的事件为案例，向家长讲述了事件的过程和结果，并强调了诚实与宽容的重要性。

　　会上，小明妈妈很苦恼地说："苏老师，我家小明从小就比较爱面子，经常有撒谎的习惯，为此我十分焦虑。这么小的孩子就撒谎，以后会不会品行不端？"苏老师回应道："小明妈妈不必如此焦虑。撒谎是孩子成长过程中常出现的问题。很多家长发现孩子撒谎时，就会严厉训斥甚至恐吓孩子，其实这样治标不治本。我们应该找准孩子撒谎背后的原因，才能从根源上解决问题。"小明妈妈急切地问："苏老师，那我们家长具体应该怎样引导孩子诚实不撒谎呢？"苏老师回答道："当孩子犯错撒谎时，首先我们要让孩子明白错在哪里。当孩子犯错时，父母不要第一时间发怒，也不要不分青红皂白地责骂孩子。因为一味地惩罚或责骂，只会强化孩子的畏惧心理，可能导致孩子迫于压力简单道歉，却未真正认识到自己的错误及其原因。"小明妈妈顿时感悟道："平时小明犯错时，我总是第一时间对他发火，现在想想是我的问题，没有好好引导他，所以他才会犯错后不敢承认。"苏老师接着说道："孩子在成长的过程中难免会犯错，家长应以宽容的心态允许孩子犯错，但最重要的是让孩子在犯错后学会坦诚面对，并勇于承担责任。很多家长在面对孩子犯错时，常常主动为孩子寻找借口，例如'孩子还小''孩子还不懂事'等，却不知长期的姑息迁就，将责任揽到自己身上，反而会让孩子对自己的错误行为无动于衷。因此，当孩子犯错后，我们应引导他们主动停止并改正自己的错误，勇敢诚实地承认错误，并对错误行为进行补救。通过这种方式，让孩子了解到什么事是可以做的，什么事是不可以做的，从而在孩子心中树立规则意识。"家长们纷纷表示赞同苏老师的观点。"其次，当孩子勇于承认错误时，家长应及时赞美孩子的诚实表现。例如，可以对孩子说：'你能勇于承认错误，妈妈觉得你很诚实，不过要小心，以后不能再犯类似的错误了。'这样的肯定能够巩固和强化孩子的诚实行为，避免孩子因害怕责罚而说谎。在家庭教育中，奖励诚实行为往往比惩罚撒谎行为更为有效。"

苏老师接着说道："家长还需以身作则。孩子就像一面镜子，他们更多的是从家长的行为而非言语中学习。因此，家长需要在日常生活中展现出诚实的品质，这样，孩子便会受到潜移默化的影响。例如，在与他人交往时，不隐瞒事实，不虚假承诺。如果家长答应了孩子周末去动物园，就一定要说到做到，即便因特殊情况无法出行，也要诚恳地向孩子解释原因。"

苏老师最后总结道："总之，在家庭教育中，面对孩子说谎，父母的智慧不在于简单地指责孩子的不诚实，而在于引导孩子在错误中学习，培养诚实的品质。"

小明妈妈表示："谢谢苏老师传授的方法，今天的家长会让我受益匪浅。在今后的教育中，我也会端正自己的态度和行为，引导孩子改正撒谎的习惯，养成诚实的好品质。"

从那之后，小明不仅变得更加诚实，还学会了关心和帮助他人。每当看到有小朋友需要帮助时，他总是第一个伸出援手；每当班级里有任务需要完成时，他也总是积极主动地承担起来。小明的变化让老师和小伙伴们感到惊喜。他们发现，原来那个爱说谎的小明，竟然也可以成为一个有责任心、有担当的好孩子。小明的责任感不仅让他赢得了他人的尊重，也让他自己变得更加自信、更加坚强。

随着时间的推移，小明即将离开幼儿园，踏入小学的校门。在毕业的那天，幼儿园为毕业生们举行了一场小小的欢送会。会上，小明作为代表发言，他分享了自己的成长故事和心得体会。他说："是诚实、善良和责任感让我变得更加优秀。在未来的日子里，我会继续坚守这些品质，努力成为一个对社会有用的人。"小明的发言赢得了在场所有人的掌声。那一刻，我们看到了一个孩子从幼稚走向成熟的蜕变，也见证了诚实守信等道德品质在他心中生根发芽、茁壮成长的历程。

在孩子的成长过程中，或许会遇到各种各样的挑战和困难，但只要家长、教师始终坚持正确的道德导向，用心引导和教育他们，就一定能够培养出拥有高尚道德品质的新一代。让我们一起努力，为孩子的成长加油助力，让他们在诚实这座灯塔的指引下，走向更加美好的未来。

求真 务实

解开孩子夸大其词背后的秘密

幼儿时期，孩子们的心灵中充满了好奇与想象。他们常常沉浸在自己构建的世界里，将幻想与现实交织，这种天马行空的想象力是宝贵的财富。然而，由于年龄尚幼、生活经验不足以及认知能力有限，孩子们在表达时往往难以准确区分现实、想象与愿望，词不达意的情况时有发生。

在一个阳光明媚的周末，阳光透过幼儿园窗户的缝隙，洒在五彩斑斓的手工材料上。幼儿园里正在举办一场亲子手工作品制作活动，家长们纷纷带着自己的孩子前来参加。小杰是一个五岁的小男孩，他和妈妈如约而至，一大早就来到了活动现场。

活动开始了，小杰看到桌子上摆满了各种手工材料，兴奋地跑到蓝色卡纸面前，拿起一张开始构思自己的作品。他转头对妈妈说："妈妈，我要做一艘大轮船！"小杰妈妈微笑着看着小杰，鼓励他道："好呀，小杰，你想做一艘什么样的轮船呢？"小杰手舞足蹈地描述起来："妈妈，我要做一艘超级、超级大的轮船！它要有十层楼那么高，可以载好多人去旅行！船上还有游泳池和游乐园，大家都可以在上面开心地玩耍！"妈妈听了小杰的描述，有些惊讶地看着他手中的蓝色卡纸，心想："这卡纸怎么可能做出十层楼那么高的轮船呢？"她试图理解小杰的想法，但感觉他的描述有些夸张。"小杰，这个卡纸的大小可能做不出那么大的轮船哦。"小杰妈妈耐心地解释道。小杰却坚持自己的想法，跺着脚说："不嘛不嘛！我就要做大轮船！我可以用好多好多的卡纸拼起来！"小杰妈妈看着小杰坚持的样子，开始有些担忧。她担心小杰的想象力过于丰富，导致他的作品不真实，甚至会让其他家长和老师觉得小杰在说谎。小杰妈妈压低声音，严肃地对小杰说："小杰，这个小卡片是做不出来十层楼那么高的轮船的。我们做事情不能夸大事实，这是不符合实际的。你最近怎么总是喜欢说这么夸张的话呢，在哪里学的呀？"小杰依然坚持自己的想法，大声对妈妈说道："妈妈，你不懂！这个卡片做不了，我们可以用好几张、更多张拼接起来，肯定能做出大轮船！我要做的轮船就要有十层楼那么高，可以载好多人去旅行！船上还有游泳池和游乐园，还要能飞起来！"小杰妈妈一听更生气了，说道："你不要越说越夸张了，小杰！怎么飞起来啊？你是动画片看太多了吧！我是做不了的。你看看其他人都在做符合实际的房子、车子，作品都快完成了，你还在这里越说越离谱。等会儿你做不出来，怎么跟大家介绍作品呢？"

就在这时，陈老师注意到了母子俩的争执，轻声问道："小杰和妈妈在聊什么呀？是不是遇到了什么困难？"小杰看到陈老师来了，连忙跑到陈老师的身边，急切地表达自己的想法："陈老师，我要做一艘大轮船！它要很大、很大，有十层楼那么高！可以载好多人去旅行！船上还有游泳池和游乐园，还要能飞起来！"陈老师微笑着听完小杰的描述，小杰妈妈便急切地说："陈老师，这孩子最近说的话总是天马行空，很多事情都描述得很夸张，我都不知道该怎么办了。"陈老师面向妈妈，耐心地解释道："小杰妈妈，孩子的想象力是无限的，我们应该鼓励他们大胆想象。不过，我们也要引导他们理解实际情况。这张卡纸的大小确实有限，我们可能做不出那么大的轮船。但我们可以尝试在有限的空间里，发挥想象力，做出一艘既美观又符合实际的小轮船。"接着，陈老师又转向小杰，温柔地引导他："小杰，我们可以先做一个小的轮船模型，然后想象它在大海上航行的样子。你可以用其他材料来装饰它，让它看起来更真实、更壮观。现在，你可以去挑选一些装饰轮船的材料，然后和妈妈一起试试看。"小杰听完陈老师的话，兴致勃勃地去挑选装饰轮船的材料，嘴里念叨着："我要让我的轮船独一无二，我要挑选很厉害的材料来装饰它，让它又高又大，可以载更多的人，还可以飞起来，飞得跟火箭那样快！"

妈妈听完后，眼神中充满焦虑，对陈老师说："老师，小杰总是这样夸大事实，太不求真务实了。这是什么原因呢？我总是觉得他沉浸在幻想中，分不清虚假与真实，我该怎样引导他回归现实呢？"

陈老师安慰道："小杰妈妈，您不必过于焦虑。这是因为孩子的想象力丰富，他们经常将现实、想象和愿望混淆，导致表达不准确或夸大其词。这是孩子年龄小、生活经验少、认知能力不强的表现。他们往往喜欢把自己看到的电影、读到的故事等经过自己的想象加工，用夸张的语言表达出来。很多时候，孩子夸大事实也可能是不自信的表现，想通过这种方式引起父母的注意。所以，父母要从小注重培养孩子的自信心。在生活中，切忌以成败论英雄，更不能因为孩子夸张的表达就急于纠正甚至打击孩子的自尊心。父母应该让孩子明白，每个人都有自己独特的一面，各有各的优势。"

小杰妈妈点点头，问道："陈老师，您说得对。平时小杰在表达不切实际的想法时，我确实过于着急反驳他，有时也会打压他。但有时候他越说越离谱，该怎么办呢？该如何引导他？"

陈老师："小杰妈妈，我理解您的担忧。对于孩子的夸大其词和表达不准确，我们可以从以下几个方面进行引导。

"（1）倾听与理解：家长要学会倾听孩子的想法和感受，理解他们独特的思维方式和表达方式。不要轻易打断或否定孩子的想象，而是给予足够的耐心和关注。

"（2）尊重与鼓励：尊重孩子的想象力，鼓励他们大胆想象、勇敢表达。即使孩子的想法看似不切实际，也要看到其中蕴含的创造力和潜力，给予积极的肯定和鼓励。

"（3）引导与启发：在尊重和鼓励的基础上，家长可以通过提问、讨论等方式引导孩子思考如何将想象与现实结合。例如，可以询问孩子为什么想要制作这样的作品？有没有其他材料或方法可以帮助他实现这个想法？通过这样的引导，帮助孩子逐渐形成逻辑思维和判断能力。

"（4）共同创作：家长可以与孩子一起参与创作过程，共同探索和实践。这不仅可以增进亲子关系，还可以让孩子在实践中学习如何面对挑战、解决问题。

"（5）持续观察与反馈：家长应持续关注孩子的成长变化，及时给予正面的反馈和建议。同时，也要关注孩子的情绪变化和心理需求，为他们提供必要的支持和帮助。"

小杰妈妈点了点头，继续说道："是的，陈老师。我发现自己在面对小杰的想象时，总是习惯性地用成人的眼光去评判，却忘了他还只是个孩子。刚刚看到小杰那么认真地坚持自己的想法，我真的很感动，也意识到我需要更加尊重他的想象力。"

后来，在陈老师的引导下，小杰和妈妈开始重新构思他们的作品。他们选择了大小合适的卡纸，制作了轮船的底部和船身。小杰还用彩色纸片做了小旗子和烟囱，为轮船增添了细节。

经过一个小时的努力，小杰和妈妈终于完成了他们的手工作品——一艘精美的小轮船。虽然它并没有小杰最初描述的那么壮观，但这是他们共同努力的成果，充满了爱和创意。

小杰拿着自己的作品，骄傲地向其他小朋友展示："看！这是我和妈妈一起做的轮船！它可以在大海上航行！"

其他小朋友和家长纷纷围过来欣赏小杰的作品，并对他表示赞赏。妈妈看着小杰开心的样子，也感到十分欣慰。她意识到，小杰在做事情前总是夸大其词，完全是因为他充满想象力，只是词汇量有限，不能准确地表达出来。而自己却总是急于解释，试图打破小杰的幻想。通过陈老师的细心指导，她学会了耐心地与小杰共同讨论，引导他慢慢从幻想中回到现实，最终完成了这个作品。

小杰妈妈微笑着走到陈老师身边,轻声说道:"陈老师,真是太感谢您了!刚刚的事情让我深刻意识到,我对待小杰可能过于急躁了。他总是有那么多天马行空的想法,而我却总是急于让他回到现实,生怕他会因此被误解。"

陈老师温柔地拍了拍小杰妈妈的肩膀,笑道:"每个孩子都是独一无二的,他们的想象力是无比宝贵的。小杰的想象力丰富,这是他的优点,我们应该好好呵护和引导。"

小杰妈妈感激地看着陈老师:"陈老师,您说得对。我以后一定会更加注意这方面,多给小杰一些自由发挥的空间,同时也学会更好地引导他。真的很感谢您今天的帮助和指导。"

陈老师微笑着表示赞同:"没错,小杰妈妈。作为家长,我们需要做的不仅是引导孩子理解现实,更重要的是要保护他们的好奇心和想象力。当他们有了想法时,我们可以先倾听,再慢慢引导他们思考如何将想象与现实结合。就像今天这样,虽然卡纸的大小有限,但我们可以一起探索如何在有限的空间里创造出无限的可能。"

说完,两人相视一笑,继续投入到亲子手工活动的温馨氛围中。小杰则在一旁兴奋地摆弄着自己的小轮船,眼中闪烁着满足和自豪的光芒。

第二篇 身体素质

第二篇　身体素质

健康体态

好体态是健康成长的关键因素

随着第一缕晨光的出现，幼儿园大门缓缓打开。小朋友们背着小书包，说着一声声"老师早上好！"，然后蹦蹦跳跳地走了进来。我微笑着迎接每一位孩子的到来。这时，瑶瑶穿着艾莎公主裙从郑老师面前走过。瑶瑶长得非常漂亮，性格活泼开朗，但她却有一个低头缩颈、含胸弓背的坏习惯。她开心地看着郑老师问道："老师，我今天漂亮吗？"郑老师蹲下身，摸摸她的头说："瑶瑶，你今天真好看，不过如果你走路的时候能把背挺直、抬头挺胸，那就更好了。"说完瑶瑶害羞地低下头，往教室方向走去。

早上9点，早操时间到了。随着跑操音乐的响起，小朋友们迅速整理好队伍，开始做早操。穿着艾莎公主裙的瑶瑶站在队伍的第一个，显得格外引人注目。在观察中，我发现她做操时动作很不标准，她总是站不直，肩膀向前倾，手臂摆动也不协调，当胳膊需要向上伸直时，她只是稍微抬起来。郑老师在一旁不断提醒瑶瑶："瑶瑶，站立的时候要站直一点，肩膀向后打开，手臂伸直……"瑶瑶最终还是象征性地做了几个动作。早操结束后，郑老师单独为瑶瑶示范动作，并让她模仿，希望通过这种方式纠正她的体态问题。但是瑶瑶表现出明显的抗拒，并对郑老师说："老师，我以前都是这样站立的，我能不能不要练了？我做不到。"郑老师耐心地解释道:"瑶瑶,你知道吗?我们每个人都有一个隐形的'超级力量',就是我们优雅的体态。就像小猫咪伸懒腰一样,当我们站得直、坐得正,身体就会变得更加灵活,更加好看哦!"瑶瑶听了之后,顿时来了兴趣,便认真跟着老师做起了动作。事实上,瑶瑶除了走路含胸弓背,坐着时还喜欢跷二郎腿,后背习惯性地靠着椅子,写画时总是用手托着头,甚至趴在桌子上。

下午放学时,瑶瑶妈妈早早地在门口等待接孩子。郑老师便邀请瑶瑶妈妈到办公室,探讨瑶瑶的体态问题。瑶瑶妈妈一脸慌张地问道:"老师,不会是瑶瑶在幼儿园做了什么坏事吧?"郑老师微笑着回应:"瑶瑶妈妈,请放心,瑶瑶在幼儿园很乖,是个活泼开朗的小女孩。不过最近我发现她的体态有些小问题,才想着跟您探讨一下。"瑶瑶妈妈疑惑地问:"体态?这是什么意思?"

看到瑶瑶妈妈缺乏这方面的意识,郑老师便详细地向她解释了幼儿健康体态的相关知识:"幼儿健康体态是指幼儿在身体发育过程中,所展现出的健康、协调且有利于其身体功能发挥的体态。这包括幼儿的站姿、坐姿、行走姿势等。这些体态不仅影响幼儿的外观,更与其身体健康、运动能力、心理健康等方面密切相关。"

瑶瑶妈妈问道:"那瑶瑶具体是哪方面的问题呢?还请老师指正。"郑老师回答:"瑶瑶长得很漂亮,但她走路时经常不自觉地含胸驼背,做操时动作不规范,站立时无法直立,坐着时也习惯性跷二郎腿,写画时总是用手托着头,导致肩膀一高一低。不知道您在家有没有发现这些问题呢?"

瑶瑶妈妈说:"驼背这个问题在家时我也经常提醒她,但其他方面就没有留意到。"

郑老师说:"好的,没关系。现在她的不良体态还处于初期阶段,可能很难被察觉,但家长可以通过日常中一些行为习惯和小细节进行观察,比如我刚刚提到的瑶瑶的一些体态问题。如果她在日常生活中经常出现这些动作,家长就需要引起重视了。"

瑶瑶妈妈说:"好的,老师,我会多留意她。谢谢您的关注,不然我都没发现她有这么多问题。"

郑老师连忙说:"不客气。孩子不良体态的危害是多方面的,希望您能多了解这方面的知识,避免对孩子的生长发育造成负面的影响。"

瑶瑶妈妈继续问道:"老师,都有哪些危害呢?我平时工作比较忙,今天刚好有时间来接她,还请老师告知,我也好学习学习。"

郑老师解释道:"首先,不良体态可能会影响孩子的外观和自信心。例如,含胸驼背、'乌龟颈'等不良体态可能让孩子看起来不够挺拔、精神,从而影响他们的自信心和社交能力。其次,不良体态还可能对孩子的生长发育产生负面影响。不良体态可能导致骨骼受力不均匀,引起骨骼变形,如脊柱侧弯、骨盆倾斜等。这些骨骼问题不仅会影响孩子的身高和外表,还可能引发疼痛和其他健康问题。再次,不良体态还可能对孩子的生理功能产生影响。长时间的不良体态可能导致肌肉不平衡,引起肌肉痉挛、疼痛等症状。最后,不良体态还可能影响孩子的学习效率。因为不良体态可能使孩子在学习时感到不适或疲劳,从而降低他们的学习效率和兴趣。"

瑶瑶妈妈说:"原来不良体态的危害有这么多,看来我这个妈妈有点失职了,之后要更多关注瑶瑶才行。"

郑老师说:"是啊,一定要引起重视。发现不良的体态行为一定要及时纠正,帮助孩子养成正确的站姿、坐姿等等,促进他们的健康成长。"

瑶瑶妈妈急忙问道:"老师,那我平时要怎样才能帮助到她呢?有什么方法吗?"

郑老师说:"《3~6岁儿童学习与发展指南》中健康领域的教育建议提出,应注意幼儿的体态,帮助孩子形成正确的姿势。那么,具体应如何实施呢?以下是一些建议,希望能帮助您有效纠正孩子的不良体态。一是教育孩子保持良好的姿势习惯。'坐如钟、站如松、行如风、卧如弓'这句谚语相信您也很熟悉,这其实就是体态的准则,日常姿势有站姿、坐姿、走姿、睡姿。我给您示范一下正确的站姿,站立时,注意两肩齐平,避免塌肩、高低肩,抬头挺胸,肩膀向后舒展,背要挺直,两臂自然下垂于体侧。

正确的坐姿是双脚放平，肩膀放松，头部端正，身体保持正直，当孩子坐着看书或写画时，提醒他们不要驼背或跷二郎腿，保持坐姿端正。正确的走姿是走路时上身保持正直，两眼正视前方，肩膀放松，两臂前后自然摆动，落地轻而柔，脚尖向前，保持身体平衡。最适合孩子的睡姿是仰卧，如果孩子爱侧卧或有俯卧的习惯，应及时纠正，仰卧时，孩子双腿伸直，对身高发育也有一定益处。"

瑶瑶妈妈听后说："老师，您示范得非常好，感觉人一下子就精神多了，回去我就让瑶瑶试一下。"

郑老师接着说："是的，纠正不良体态的习惯初期，孩子可能会有些抵触。这时，家长需要给予足够的支持和鼓励，并坚持纠正。此外，还要为孩子提供合适的桌、椅和床。椅子的高度应以孩子就座后双脚能自然着地、大腿基本保持水平状为宜；桌子的高度应以孩子就座后两臂曲肘，小臂自然搁在桌面，身体能坐直，不驼背、不耸肩为宜；床的高度应适中，床垫不宜过软。"

瑶瑶妈妈说："好的，老师！我没想到这些物质条件也能对孩子的体态有帮助，还有什么其他方法吗？"

郑老师补充道："是的，合适的桌椅是培养孩子健康体态的物质基础。另一个重要建议是给孩子制订锻炼计划。可以根据孩子的年龄和兴趣，选择合适的运动项目，如游泳、舞蹈等。这些运动不仅能增强孩子的肌肉力量和柔韧性，跳舞还能有效改善其含胸驼背的现象。鼓励孩子多参加户外运动或体育锻炼，不仅能提升运动协调能力、强身健体，还能刺激生长激素的分泌，助力生长发育。不同的运动项目具有不同的功能，对塑造良好体态很有帮助。"

瑶瑶妈妈说："是的，我也有这个想法。现在瑶瑶已经5岁了，可以让她去学跳舞，改善驼背的习惯，回去我就给她制订一个锻炼计划，谢谢老师的建议！"

郑老师微笑着说："不客气，建议每年定期为孩子进行检查和评估。您可以带孩子去医院或专业的体态矫正机构进行检查，了解孩子的体态状况，并根据评估结果及时调整纠正方案，确保纠正效果。"

瑶瑶妈妈担忧地说："瑶瑶是个爱面子的孩子，纠正她的不良体态可能是一场持久战，我怕她坚持不下去，该怎么办呢？"

郑老师安慰道："纠正孩子的不良体态是一个长期的过程，需要家长持续的关注和鼓励。家长应耐心引导孩子，鼓励她坚持正确的体态习惯，并在孩子取得进步时给予表扬和奖励。同时，家长也要为孩子树立榜样，自己保持正确的体态，孩子才能更好地调整自己的体态。"

瑶瑶妈妈说："谢谢老师，今天学到了很多，瑶瑶的体态问题我会更加注意，慢慢帮她纠正过来，老师费心了！"

在给瑶瑶妈妈提供指导后，经过一段时间的努力，瑶瑶不良体态的表现明显减少。她走路时含胸驼背的现象得到了改善，写画时也能保持端正的坐姿，这让郑老师感到非常欣慰。

总之，幼儿的体态与其健康息息相关，不良体态的危害可能影响其一生。因此，家长在日常生活中需要多观察孩子的坐、立、行走姿势，发现问题及时提醒并纠正，避免让"小毛病"演变成"大麻烦"。

科学饮食　健康"童"行

小凯体形圆润，像一只大皮球，浑身肉鼓鼓的。在幼儿园里，他无法跑步，一跑起来便气喘吁吁；他不能跳绳，一跳起来就像一个小煤气罐，绳子似乎随时可能被他踩断；就连走楼梯也会摔跤，上床睡觉也显得困难，甚至连系鞋带都蹲不下去。

然而，在小凯妈妈眼里，她却总认为小凯吃得太少、长得太瘦。每天早上，在幼儿园门口，总能看到小凯一手拿着巧克力面包，一手拿着饮料，妈妈手里还拿着几个肉饼，等着喂到小凯嘴里。小凯也很听话，狼吞虎咽地把食物都吃了下去。小凯挠了挠头问道："妈妈，如果我吃得比现在还胖，会不会生病呀？""不会，你平时没力气，就是吃得太少、太瘦了，要多吃一点才会有力气啊！"小凯妈妈摸着小凯的脑袋说道。

吃完后，小凯打着饱嗝，慢慢悠悠地向何老师走来。"早上好，老师，我已经吃了早餐，等下还要吃幼儿园的早餐。"何老师关切地说："吃那么多，肚子会不舒服的哦！"小凯回答："不会，妈妈说吃多一点才会有力气。"看着小凯圆鼓鼓的肚子，何老师意识到了问题的严重性。这种不健康的饮食习惯对小凯的身体会产生负面影响。于是，何老师走向小凯妈妈，真诚地询问："小凯妈妈，您平时每天都给他吃这么多吗？""对啊，总觉得他有气无力的，想着他多吃点会有力气一些。"小凯妈妈无奈地说道。为了更深入地了解小凯在家的饮食习惯，何老师与小凯妈妈商量了家访时间，希望共同探讨小凯的饮食问题。

周五下午，何老师跟随小凯母子一起回家进行家访。刚踏进家门，小凯就嚷道："妈妈，我饿了，肚子好饿啊！"妈妈赶紧哄他："好的，我知道了，妈妈现在做饭，等爸爸回来马上就可以吃了。"小凯却不依不饶："不要，我现在就想吃东西！"他开始有点生气，大声嚷嚷起来。妈妈不忍心，也拗不过小凯，心想吃点零食也无妨，于是拿了些巧克力和薯片给小凯，并叮嘱他："你吃一点吧，不能吃太多，我马上做饭了，吃太多会吃不下饭的哦。"说完，妈妈便去做饭了。而小凯却把妈妈的话抛在脑后，津津有味地吃起了零食。到了吃饭时间，小凯爸爸也回来了。妈妈喊道："来，我们一起吃饭吧！"小凯嘴里还嚼着零食："妈妈，我不想吃饭了，我吃零食吃饱了。""吃零食能吃饱吗？你要是不吃饭，以后都别想吃零食！"爸爸生气地说道。小凯只好不情愿地坐在餐桌旁。吃饭时，妈妈夹起芥菜给小凯，小凯立刻拒绝："不，我不吃这个青菜，这个菜是苦的，我要吃炸鸡腿，我要吃肉！""肉要吃，青菜也要吃，不能只吃肉，这样营养才能均衡呀！"小凯妈妈耐心地解释，小凯却不依不饶："我就不吃。"边说边把碗里的芥菜挑了出来，只吃了个炸鸡腿。小凯爸爸见状，严厉地说："把青菜捡起来吃了，不吃等下我就拿衣架了！"看到爸爸生气了，小凯害怕地哭了起来。过了一会儿，饭也没吃几口的小凯说："我不吃了，我吃饱了，我要去看电视。""不行，要吃完饭才能看！"爸爸坚决地说。妈妈也坚定地表示："不可以，你每次都是这样说，饭菜不吃完，到晚上又说饿，又会找些乱七八糟的零食吃。"小凯只好乖乖地坐在餐桌旁，眼睛时不时地瞟向电视。十几分钟过去了，小凯只把碗里的肉吃光了，还喝了一大杯饮料，可是碗里的饭却一口没动。

经过此次家访，何老师发现小凯存在严重的挑食和偏食问题。他该吃的食物不吃，不该吃的食物却大量摄入，这种饮食习惯可能导致肥胖。长此以往，不仅会影响孩子的生长发育，还会导致抵抗力下降，增加患病风险。为此，何老师与小凯妈妈进行了深入交流："小凯妈妈，小凯目前的饮食习惯对他的生活已经产生了一定的负面影响。根据幼儿园的体检结果，小凯已经属于肥胖儿童。"小凯妈妈惊讶地说："这么严重吗？每次吃饭我都要与他斗智斗勇，打一场持久战。他总是喜欢吃零食，不吃主食，我想着只要他能吃饱就好，没想到会引发这么多问题！"

何老师理解小凯妈妈的焦虑，接着解释道："导致孩子肥胖的原因有很多，就小凯的情况而言，一方面是营养失衡，小凯平时偏爱甜食和高热量食品，却很少吃蔬菜。孩子在生长发育过程中需要充足的营养，必须从外界摄取足够的热量、优质蛋白质、维生素和矿物质等。只有营养丰富且均衡的膳食才能促进孩子的健康成长，而长期的营养失衡会严重影响孩子的身体发育。另一方面是缺乏运动，小凯在幼儿园较少参与运动项目，跑步时没跑几步就喊累，跳绳也非常吃力，甚至连上楼梯都会气喘吁吁。缺乏运动是导致孩子肥胖的重要因素，运动对身体的锻炼作用不容忽视。"

小凯妈妈急切地问："那我该怎么办？我需要怎么做才能改善他现在的状况呢？"何老师问道："您平时是如何为小凯搭配饮食的呢？"小凯妈妈回答："我通常按照他的喜好准备饭菜，他非常喜欢吃肉类，尤其是油炸食品，有时一边吃饭一边喝饮料，所以家里常备饮料。他还喜欢吃一些垃圾食品，如果不给他零食，他就不吃饭，我怕他饿着，所以只好顺着他。"

何老师进一步指出："幼儿正处于生长发育的关键阶段，营养状况直接影响其成长。所以，要保证幼儿的身体健康，必须从均衡膳食入手，确保营养的均衡供给，为孩子的身体发育提供有力支持。"

小凯妈妈点头表示认同："这些道理我都明白，但我不知道用什么方法改变他的现状，还请老师给予指导。"何老师建议："首先，要控制他的饮食行为习惯。一日三餐应定时定量，两餐间隔4～5小时，减少垃圾食品、甜食和高脂肪食物的摄入。我注意到您家中常备许多高热量零食，如巧克力、饮料和膨化食品等，孩子食用这些食物的机会较多。相反，如果在家中放置一些健康的食品，如水果、奶制品等，可以帮助孩子养成健康的饮食习惯。"

小凯妈妈恍然大悟："是的，确实应该控制他零食的摄入量，但他放学回家总是喊饿，该怎么办呢？"何老师回答："如果孩子在餐前感到饥饿，不能一味满足他的需求。餐前吃零食会增加胃的负担，导致吃饭时食欲下降。可以通过转移注意力的方法来缓解孩子的饥饿感。例如，让他玩喜欢的玩具、做一些益智类小游戏或阅读书籍。此外，适当的活动也能转移他的注意力，比如带他外出散步或做些小运动。""原来还可以这样！我怎么没想到用转移注意力的方法呢？"小凯妈妈感慨道。

何老师接着说道："其次，就餐时需要营造良好的氛围。家庭是孩子与家人接触最密切的就餐环境，因此在就餐时应注重正向的语言交流和情感互动，不能一味说教或训斥。例如，小凯爸爸在吃饭时经常警告小凯，这会让孩子感到紧张和害怕，从而影响就餐的愉悦感。"小凯妈妈回应道："是的，孩子爸爸性格比较急躁，总是希望他快点吃完，却忽视了孩子的情感需求。我会再与孩子爸爸沟通这个问题。"何老师补充道："在就餐时，应营造轻松愉悦的氛围，避免外界干扰，尤其是不能开着电视进餐，否则孩子的注意力会被分散，导致无法专心进食。此外，进餐时间也应控制在20~30分钟。如果孩子对时间没有概念，可以准备一个30分钟的沙漏，告诉孩子沙漏漏完之前需要把饭菜吃完，如果未能在规定时间内吃完，就要将饭菜端走，以此帮助孩子学会控制进餐时间。"小凯妈妈赞同道："这个方法不错，我等会儿就在网上买个沙漏试试。"

何老师继续建议："此外，还需注意提供合理的膳食结构，不能一味迎合孩子的口味。食物应多样化，帮助孩子养成不挑食、不偏食的习惯。根据小凯的饮食习惯，他偏爱油炸食品，所以建议您在烹饪时尽量避免使用油炸、油煎等高油脂的烹调方法，优先选用植物油，如橄榄油、菜籽油等。可以多采用蒸、煮、炒、凉拌等健康的烹调方式，多提供谷物、蔬菜、水果、肉类、奶制品、蛋类和豆制品等多样化的健康食物。同时，保证孩子每天摄入 4~6 杯水，避免常喝碳酸饮料，以确保营养均衡，避免营养失衡。"小凯妈妈苦恼地说："这是我最头疼的问题。小凯已经习惯了重口味，我之前尝试过用比较清淡的烹调方法，但他一口都不肯吃，只想吃那些味道浓郁的食物，真是拿他没办法。"何老师建议道："家长要统一立场，统一饭菜口味和进餐节奏。如果他不吃正餐，也不能提供其他零食，等到他饿了自然会主动吃饭。如果直接说教效果不佳，可以借助绘本故事进行饮食教育。例如，《肚子里有个火车站》《拉便便好疼》《科学饮食》《豆豆，别挑食》等，这些绘本内容生动有趣，既具有科普功能，又能帮助孩子养成健康的饮食习惯。"小凯妈妈眼睛一亮："对啊，我怎么没想到用绘本呢？他平时很喜欢看书，这个方法对他一定很有效！"何老师微笑着说："是的，绘本故事深受孩子喜爱，让孩子在享受故事情节的同时吸收饮食知识，何乐而不为呢！"

何老师接着说道："对于小凯而言，增加体育运动锻炼是预防和控制肥胖的有效途径。通过运动增加能量消耗，达到能量平衡，改善身体成分，降低体脂含量，从而预防肥胖的发生。我们可以根据孩子的能力，开展形式多样的身体活动。在日常生活中，鼓励孩子多参与家务劳动，如扫地、拖地、叠被子、洗碗等。同时，制订一个锻炼时间表，每周运动 3~4 天为宜，并根据个人耐受力及健康状况进行调整。外出时，可让孩子多爬楼梯，少坐电梯。此外，可以选择有氧运动，如慢跑、游泳、骑车等，这些运动不仅能提高心肺耐力，还能减少机体脂肪堆积。由于孩子的耐受力较差，父母应督促、引导，甚至陪同孩子共同参与，这样才能让运动持之以恒。"小凯妈妈回应道："好的，老师，这些方法我会在生活中逐步让他尝试。作为父母，我们也有做得不到位的地方，需要以身作则，做好榜样，孩子才能养成良好的健康饮食习惯。"何老师点头表示赞同："是的，父母是孩子的一面镜子，只有父母做好榜样，孩子才能越来越好！"

此后，小凯早上在幼儿园门口吃早餐的现象消失了。小凯妈妈见到何老师时说道："用了您教给我的方法后，小凯在饮食方面确实有了很大改善，不再吃油炸垃圾食品，也能按时运动，现在还主动学习游泳呢。"

总之，孩子正处于身体和大脑发育的关键时期，科学饮食尤为重要。作为父母，必须重视幼儿的饮食健康，教育孩子不吃或少吃零食，避免偏食和挑食。为了孩子的健康成长，让我们携手为孩子提供全面均衡的营养膳食。

充足睡眠　保障健康

上午8时50分，户外活动的音乐准时响起。孩子们垫好汗巾、拿好水壶，准备开启户外活动。班主任谢老师走在前面，带领着孩子们整齐有序地下楼梯前往操场。突然，一阵撕心裂肺的哭声传来，只见婷婷边哭边喊："妈妈，你不要走，你不要走！"孩子们见状，异口同声地说："老师，你看，婷婷来了！"还有些孩子跟着起哄："羞羞脸，这么大了，还抱着妈妈的腿哭呢。"

这时，谢老师快步走了过去。只见婷婷正坐在妈妈脚边的地板上，两只小手紧紧抱住妈妈的腿，睡眼惺忪地望着妈妈，嘴里大声哭嚎着，边哭边不停地踢着地板，尽情地发泄着情绪。妈妈在一旁显得有些不耐烦，抱怨道："天天都这样，叫你睡觉的时候不睡，叫你起床又不起，真是被你烦死了。"谢老师俯下身，轻轻将婷婷从地板上拉起来，温柔地对她说："婷婷呀，要是你还继续坐在地板上，一会儿小虫子可就要来咬你的小屁股咯。老师知道，你今天早上肯定还没睡醒，妈妈就把你从床上拉起来，你心里特别生气，对不对呀？"

也许是听到了谢老师的话，婷婷的哭声逐渐小了很多，她泪眼汪汪地看着谢老师。谢老师转过身，面向婷婷妈妈，提议道："婷婷妈妈，我们带婷婷到大厅坐一下，让她缓一缓情绪，正好咱们也趁机聊一聊。"

在大厅坐下后，婷婷的哭声逐渐停歇。谢老师微笑着看向婷婷，鼓励道："婷婷，你现在不哭了，真的特别棒！刚刚哭了好一会儿，身体里的水分流失了不少，是不是觉得口渴啦？拿起你的水壶喝点水，给身体补充补充水分，好不好呀？"婷婷慢慢喝了一口水。等婷婷喝完水后，谢老师继续对她说："老师想跟妈妈聊点事情，你去做课间操，锻炼一下身体，好吗？"婷婷点了点头，恢复了情绪，自己走回班级，跟着孩子们一起锻炼了起来。

婷婷妈妈看到后，情绪逐渐缓和下来。于是，谢老师对婷婷妈妈说："婷婷妈妈，我注意到婷婷这几天早上都来得很晚，还不停哭闹。一直想找您聊聊这个问题，但每次看到您都很忙，在幼儿园门口放下她就匆匆离开了。""是啊，婷婷晚上11点多还不肯睡觉，昨晚我也多次催促她睡觉，但她就是不睡。家里还有一岁多的小宝，每天我一回家，小宝总是黏着我，不愿意让奶奶带。"婷婷妈妈回答道。谢老师继续问道："婷婷晚上一般是几点才睡觉呢？""11点多，有时甚至到12点。她总是看电视，有时还要拿奶奶的手机看。奶奶觉得她年龄还小，爱什么时候睡就什么时候睡，上幼儿园晚点去也没关系。一说到这个我就非常生气。两个孩子实在没办法才让奶奶帮忙，但育儿观念又不一致。我也不想因为这些事引发婆媳矛盾，看不惯也没办法改变。"婷婷妈妈有些生气地回答。

谢老师耐心解释道："婷婷妈妈，充足的睡眠对儿童的脑发育非常重要，有助于增强记忆力，并且可以防止未完善的脑皮层神经细胞因过度兴奋而造成大脑疲劳，从而促进脑功能的恢复。而且研究发现，幼儿的生长速度在睡眠状态下是清醒状态时的3倍。位于大脑底部的脑下垂体所分泌的生长激素，在睡眠时分泌最多，而在清醒时分泌量则很少。生长激素能够促进骨骼、肌肉、结缔组织及内脏等的增长。因此，睡眠对孩子的健康十分重要。"婷婷妈妈回应道："是的，我知道睡眠对孩子的生长发育非常重要，所以我也很担心，但就是没有更好的方法去调整。""婷婷妈妈，您很重视孩子的睡眠，这点特别好！孩子的生长激素在晚上10点至凌晨2点分泌最为旺盛。对于3~6岁的孩子，每天应保证11~12小时的睡眠时间，其中包括白天2小时的午睡，晚上至少9小时的睡眠。我们早上7点要起床准备上学，因此晚上10点孩子就应该已经睡着。不过，睡前需要预留30分钟做入睡准备，所以晚上9点半就该让孩子躺在床上。"谢老师详细说明了孩子晚上睡觉的时间安排。"老师，我发现婷婷每天的睡眠时间好像不太对，生物钟似乎乱了。"婷婷妈妈惊讶地说。"我很高兴您能察觉到这一点。"谢老师接着对婷婷妈妈说道："我有几个调整生物钟的方法，您要不要试试？""那肯定要用呀，老师，我具体该怎么做呢？"婷婷妈妈激动地回应道。谢老师耐心地与婷婷妈妈分享方法，婷婷妈妈也非常认真地听着。

"（1）规定睡眠时间，逐步培养孩子按时入睡的生物钟。由于家长日常琐事较多，即使再忙，到了孩子睡觉的时间，也应暂时放下手头的工作，优先哄孩子入睡，之后再继续自己的工作。例如，睡眠前30分钟可安排3~4项固定的睡前仪式性活动，如盥洗、上厕所、讲故事等。这些活动应有序、温馨且适度，讲故事时间控制在20分钟内最为合适。孩子的睡眠应具有规律性，固定就寝时间至关重要，即使在节假日，也应保持固定的作息时间。例如，晚上9点左右可以让奶奶照看小宝，9：30开始由妈妈陪伴婷婷上床睡觉，进行讲故事、听轻音乐等安静的活动，待婷婷入睡后继续照看小宝。进行入睡活动时，应尽量保持环境安静，每日坚持，让孩子形成条件反射。长此以往，孩子将养成固定的生物钟，睡眠也会变得规律。

"（2）营造良好的睡前氛围。在孩子入睡前半小时内，应适当调暗室内灯光，降低噪声，避免让孩子进行过于剧烈的运动。这些措施有助于从外部创造有利于孩子睡眠的条件，使孩子的神经兴奋度逐渐降低。等到入睡时，孩子的心情会更加舒畅，情绪更加平稳，躺到床上后便能迅速入睡。

"（3）制订合理的作息时间。控制白天的睡眠时长。睡眠与饮食类似，睡足后精力充沛，早上7点叫醒孩子时，她更容易起床。周末在家的作息时间也应保持一致。如果周末早上起床过晚，午睡又持续到下午四五点，晚上 9：30 要求孩子再次入睡，自然会变得困难。因此，应制订合理的作息时间并坚持执行。周末白天不宜让孩子睡得过久，尤其是午睡时间不宜过晚，这有助于孩子在晚上及时入睡。

"（4）适当进行户外活动。孩子的睡眠质量与充足的户外活动密切相关。白天在幼儿园进行 2 小时的户外活动，有助于孩子消耗一定的体力，从而提高睡眠质量。晚上家长也可以陪伴孩子进行 30 分钟的小幅度运动，如散步、拍球等，帮助消耗过多的精力，促使孩子快速进入困倦状态。

"奶奶对孙女的宠爱导致教育观念较为随意，但她能在生活中提供帮助，让我们安心工作，这已是最大的支持，我们不应苛责。在孩子的教育中，可以采用合作的方式，只要奶奶愿意配合即可。因此，您回家后可与家人共同调整作息时间，让家人一起配合，共同改善婷婷的睡眠习惯。"

婷婷妈妈听完建议后，连连点头表示："我一定会按照老师的建议去做，调整好婷婷的睡眠时间。再过一年婷婷就要上小学了，如果不及时调整，恐怕天天都会迟到。现在上幼儿园经常迟到，幸好有你们的包容，今天还给了我这么多建议，我会认真执行！"看来这些建议真正触动了婷婷妈妈。谢老师也欣慰地说："希望每天都能看到准时、精神饱满、开心入园的婷婷，这也是我们的职责所在。"

户外活动结束后，婷婷发现妈妈仍在园内等候，便欢快地跑了过来。入园时的负面情绪早已消散，她开心地抱住妈妈问道："妈妈，你和老师聊了这么久，都说了些什么呀？"谢老师蹲下身，拉着婷婷的小手说："刚才老师和妈妈做了一个约定。""什么约定呀？"婷婷好奇地追问。谢老师解释道："从今晚开始，妈妈会陪婷婷睡觉讲故事；明天早上幼儿园一开门，老师就会在门口第一个迎接婷婷。妈妈已经答应老师了，婷婷能做到吗？"婷婷笑着点头："我也能做到！""那我们来'拉钩盖章'吧。"就这样，婷婷信心满满地与谢老师达成了约定。

次日清晨，谢老师如约在园门口等候，婷婷也准时入园。谢老师给予了她一个鼓励的拥抱。一周后，谢老师向婷婷妈妈了解情况，婷婷妈妈反馈道："老师说得对，坚持确实能看到改变。在我忙碌时，孩子爸爸会陪婷婷讲故事。现在每到就寝时间，婷婷都会主动说：'妈妈，我要睡觉了，想听故事了。'"谢老师欣慰地回应："只要家长持之以恒，孩子的改变就会显而易见。继续坚持，等睡眠习惯完全养成，可能不需要讲故事，婷婷就自主入睡了。"

　　0～6岁是幼儿身体发育和智力发展的关键时期。研究表明，对儿童生长发育至关重要的生长激素分泌高峰出现在深度睡眠阶段。睡眠不足不仅会扰乱幼儿的生物钟，导致生长激素分泌失调，延缓身体发育，还可能引发一系列行为问题。睡眠不足的儿童更容易出现攻击性行为，并可能伴随多动症、自控力差、注意力不集中等症状。在情绪调节方面，这类儿童易怒易躁，成年后出现焦虑、抑郁和攻击性行为的风险也更高。总体而言，夜间睡眠不足的儿童往往发育迟缓，学习问题突出，在注意力、记忆力、组织能力、创造力和运动技能方面表现相对较差。作为父母，必须充分认识到保证孩子充足睡眠的重要性。这不仅关系到孩子的身体健康，更影响着他们的认知发展和行为养成。建议家长建立规律的作息制度，营造良好的睡眠环境，帮助孩子养成良好的睡眠习惯，为他们的健康成长奠定坚实基础。

动作发展

悦动童年　健康起航

　　幼儿园一年一度的亲子运动会热闹非凡，现场洋溢着温馨与活力。在亲子跳绳比赛中，参赛家庭配合默契，跳绳在空中画出优美的弧线；在亲子拔河比赛中，各组成员齐心协力，为胜利奋力拼搏；趣味运动赛区更是精彩纷呈，跳圈、滚轮胎、两人三足等项目引得欢声不断。无论是小朋友还是大朋友，都沉浸在运动的喜悦中，尽管汗流浃背，脸上却始终绽放着灿烂的笑容。教师们穿梭其间，用镜头记录下这些美好的瞬间。运动场上欢呼声、呐喊声此起彼伏，构成了一幅温馨动人的画卷，每个家庭都沉浸在这欢乐的氛围中，共享亲子运动的乐趣。

　　林老师被两人三足的比赛深深吸引，快步走向赛场。随着裁判哨声响起，参赛家庭紧密相依，谨慎地迈出第一步。虽然步伐略显蹒跚，但每个动作都透露出坚定和信任，亲子双方相互扶持，共同克服前行中的困难。

　　在围观人群中，林老师特别注意到小凯一家。赛前准备时，小凯爸爸正耐心地向小凯讲解要领，孩子频频点头示意，展现出良好的竞技状态。小凯妈妈站在警戒线外为父子俩加油助威，脸上写满期待与喜悦。

　　终于轮到小凯父子上场了，只见小凯爸爸带着小凯做好起跑准备。哨声响起，小凯爸爸迅速迈步，小凯紧随其后。然而，刚行进两步，小凯便跟不上爸爸的节奏了，他的步伐紊乱，仿佛每一步都在寻找自己的节奏，跟跟跄跄又摇晃了两步，最终失去平衡摔倒。小凯爸爸赶紧将他扶起来，来不及检查小凯有没有受伤，便一边安慰小凯一边准备再出发。他紧紧地握着小凯的小手，试图引导他跟上自己的节奏，但小凯的脚步始终无法与爸爸的步伐完美协调，每一步都显得异常艰难。

　　场外的小凯妈妈显得焦灼不已，不断高喊指令："儿子，出左脚，出左脚！不对！右脚，右脚！手不对！错了！错了！右手！左手！"但小凯似乎沉浸在自己的世界里，完全听不到妈妈的提醒，他的脚步总是慢半拍，仿佛是在跳着属于自己的独舞，于是他的情绪开始变得焦虑、烦躁。突然，他大声地呐喊："我不玩了！"说完准备放弃比赛。爸爸耐心地开导、鼓励小凯，希望他能够完成比赛。只见小凯突然放声大哭，拒绝继续比赛。小凯爸爸见孩子持续哭闹，终于失去耐心，厉声训斥道："哭！就知道哭！看看其他小朋友，有你这样的吗！路都走不好，还比赛！不许哭！马上停下！再哭，我揍你啦！"

　　周围家长纷纷劝解，但父亲情绪已难以平复。匆忙赶来的小凯妈妈同样束手无策。小凯在旁边依旧高声地哭着，比赛已经无法进行下去。

　　这时，林老师加快脚步，赶紧来到一家人身边，蹲下身抱起小凯，安抚他说："小凯也累了，老师带你先休息好吗？"小凯见到林老师，仿佛抓住了救命的稻草，一头扎进林老师的怀里哭泣。在林老师的安抚下，小凯的情绪缓和了不少，看着老师，没说话，只是点点头。林老师获得孩子默许后，牵着他离开赛场，并示意父母一同前往休息室。

　　林老师将小凯一家带到办公室休息，为每人倒了一杯温水，拿起纸巾帮小凯擦拭眼泪和汗水，随后开解道："小凯，是不是觉得累了？"小凯点了点头。"这个项目对我们小凯来说可能有些难，对吗？"小凯再次点点头。"没有关系，以后我们可以多加强体育锻炼，把身体练得棒棒的，下次比赛我们再参加，争取表现得更好，好不好？"小凯起初有点迟疑，先是摇摇头，后来才转为点点头，回应了老师的鼓励。

这时，小凯爸爸仍然难掩怒气，说道："比赛都坚持不下来！就知道哭！看看其他小朋友，有像你这样的吗？路都走不好，还敢哭！脸都让你给丢尽了！"在爸爸的指责下，小凯瑟缩着躲到林老师身后。林老师轻抚孩子肩膀，安抚道："小凯别怕，先喝点水休息一下，老师要和爸爸妈妈说会儿话。"小凯顺从地点点头，端起水杯，慢慢地喝水，情绪也渐渐地稳定下来。

林老师说道："小凯爸爸，请您先喝口水消消气。"

小凯爸爸接过水杯，语气激动地说："林老师，您不知道我有多着急！这孩子运动能力太差了，和其他孩子差距那么大，以后可怎么办？"

林老师温和地回应道："小凯爸爸，您别急，幼儿园举办亲子运动会的初衷是加强家园共育，促进亲子情感交流，同时助力儿童身心健康发展。"

小凯爸爸继续问道："林老师，要不是今天来参加运动会，我也不知道孩子的运动能力这么差，幼儿园平时不是有很多运动类的活动吗？"

林老师回答道："是的，小凯爸爸，我们每天保证两个小时的户外活动时间，其中一个小时专门用于体育锻炼。"

小凯爸爸皱眉追问："林老师，每天有这么长的活动时间，为什么我家小凯的运动能力还这么差？"

林老师解释道："小凯爸爸，这就是我们今天需要沟通的重点。孩子运动能力的强弱不仅取决于幼儿园的锻炼，家庭环境同样至关重要。我们明显地看到，今天的比赛对小凯来说难度较大，他的身体平衡能力和手脚的协调能力确实存在不足，这表明他的身体动作发展需要加强。能否请您谈谈孩子在家的情况？"

这时，小凯爸爸似乎意识到了什么，若有所思地说："林老师，您这么一问，我才意识到问题所在。我和孩子妈妈工作繁忙，平时都是爷爷奶奶照顾他。老人家过分疼爱，事事代劳，连外出都舍不得让孩子自己走路。小凯的动作发展能力欠缺，与我们的平时教养方式有很大关系。"

林老师点头道："小凯爸爸，没关系，现在发现问题为时不晚。3~6岁是儿童动作发展的关键期，在这个时期，大肌肉动作和注意力培养是两个重要方面。这个阶段的孩子通过身体运动来探索世界,发展空间感知和时间概念,同时也能提升自我调控能力。"

"我们原以为老人家只是过于疼爱孩子,想着等孩子长大自然就会好,没想到会造成这样的影响。"小凯爸爸说道。

林老师继续解释道:"3~6岁是儿童注意力发展的关键时期,适时的干预能有效提升幼儿的注意力稳定性。适量的体育活动和户外游戏有助于儿童释放能量,提高专注力。如果在这个阶段对孩子过度'保护'和溺爱,限制其发展,会导致孩子的协调性和控制力不足,进而影响认知能力和学习水平的发展。"

小凯爸爸恍然大悟:"林老师,原来动作发展不仅关乎身体健康,还直接影响认知能力和学习水平。我家小凯已经4岁多了,平时我也没有陪他运动的意识,才导致他能力上的缺失。林老师,您能给我们一些具体的改善建议吗?"

林老师详细指导道:"小凯爸爸,3~6岁幼儿的运动发展主要包括走、跑、跳、投掷、平衡、钻和爬、攀登等基本动作。首先,我们要培养孩子的运动兴趣和习惯。在运动的过程中注重培养其学习品质,充分尊重和保护孩子的好奇心,帮助孩子逐步养成积极主动、专注认真、不怕困难、敢于探究和尝试、乐于想象和创造等良好品质。"

小凯爸爸认真请教:"林老师,原来运动能力的培养还有这么多的学问。我和小凯妈妈一定想办法抽时间多陪孩子运动。林老师,具体应该做哪些运动呢?"

林老师建议道:"小凯爸爸,我们首先可以通过游戏循序渐进地发展孩子的动作能力。例如,可以完成一些简单的平衡性动作,如能沿地面直线或在较窄的低矮物体上走一段距离,能身体平稳地双脚连续向前跳,以此来促进幼儿身体平衡性和协调能力的发展。其次,逐步尝试有挑战性的运动来提高孩子动作的灵活性和敏捷性。例如,能较为灵活地完成一些动作,能助跑跨过一定高度的物体,能与他人玩追逐、躲闪跑的游戏。在这个过程中,孩子能够听信号转身、闪躲、奔跑和静止,让动作的灵敏性得到发展。最后，在孩子具备前面说的两种能力后，通过增加运动的难度和强度来增强孩子腿部的力量和耐力。孩子经过了前面两个部分的学习，基本动作逐渐稳定，动作的灵敏性也会有所发展，腿部力量和耐力也能同时得到发展，这时就可以进行一些耐力训练和简单的技巧性动作训练。如带着孩子一起踢足球，引导幼儿用脚背正面远距离击球来实现腿部力量的发展。"

小凯爸爸诚恳地说道："林老师，今天您给我们上了宝贵的一课。回去后我们立即制订计划，带孩子开展运动。"接着，小凯爸爸转向小凯，说道："小凯，爸爸要向你道歉，比赛时我只想着要赢，却忽视了你的实际能力和感受。爸爸妈妈会调整时间多陪你锻炼，等我们准备好了，下次运动会再来参加，好吗？"说着，小凯爸爸走到小凯身边，轻轻拥抱小凯，安抚他。小凯露出笑容，用力地点了点头。

小凯妈妈看着这一幕激动地说："林老师，太感谢您了！今天我的收获非常大，我们回去就立即行动起来。"

林老师欣慰地回应道："小凯爸爸、小凯妈妈，能为您的家庭教育提供帮助，我也非常高兴。在陪伴孩子运动时，还需要注意安全第一，确保孩子在安全的环境中进行体育锻炼，运动时也要注意合理规划运动项目和时间，循序渐进。通过运动促进动作发展和身体发育，增强肌肉和骨骼力量，提升心肺功能，提高孩子的身体协调性和平衡能力，让孩子在日常生活中更加自信和独立。通过参与各种体育活动和游戏，孩子还可以学会与人合作、分享和竞争，培养他们的社交能力和团队精神。同时，运动还能让孩子释放压力、缓解焦虑，调整他们的情绪状态。"

综上所述，幼儿动作发展对他们的身心健康和全面发展具有重要促进作用。因此，我们应鼓励孩子积极参与体育锻炼，让他们在快乐中获得成长。

积极情绪

情绪是生活的调味剂

在这个快节奏、高压力的时代,情绪管理已成为我们生活中不可或缺的一部分。无论是面对工作中的挑战,还是处理家庭中的琐事,我们都需要学会有效地管理自己的情绪,以保持内心的平静和稳定,提升生活质量。

在一个阳光明媚的周末,陈老师来到刚满三周岁的小米家。小米一看到陈老师,眼睛立刻亮了起来,兴奋地拉着她的手,展示着自己的各种玩具,小脸蛋上洋溢着无尽的喜悦。

陈老师微笑着看着小米,眼中满是欢喜。她轻轻拍了拍小米的头,说:"小米,你真是个可爱的小宝贝,有这么多有趣的玩具呢。"

小米得意地笑了笑,然后又沉浸在自己的小天地里,专注地摆弄着玩具。这时,小米的爸爸妈妈在厨房里忙活着午餐,锅碗瓢盆的碰撞声、切菜的嚓嚓声,还有偶尔传来的低声交谈,都让这个家充满了温馨的气息。奶奶则陪着小米一岁的弟弟在沙发上玩耍,小家伙咯咯地笑着,手舞足蹈,可爱极了。

不一会儿,厨房里飘出了阵阵饭菜的香气,妈妈温柔地呼唤着正在玩耍的小米:"小米,快来洗手吃饭了,今天有你最爱吃的红烧肉哦。"

然而，小米却完全沉浸在她的玩具世界里，对妈妈的呼唤充耳不闻。她正忙着搭建一座积木城堡，眼睛紧紧盯着手中的积木，生怕一不小心就搭歪了。

"小米洗手吃饭了，洗手吃饭。"妈妈耐心地重复着，但小米却坚定地回答："我不要，我还想玩。"

妈妈理解孩子的天性，于是给了小米足够的时间去玩耍。她微笑着说："那你玩，玩完再吃，我们先吃饭。"于是，妈妈叫上了陈老师、婆婆和儿子一起围坐在餐桌旁。

然而，当小米发现奶奶和弟弟都要开始吃饭时，她突然情绪失控，带着哭腔对妈妈发起了脾气："小米也想吃！我也要吃！"

妈妈温柔地询问："刚才不是也叫你了吗？"小米却大声地回答："啊，没有，没有！"

这时，在厨房忙碌的爸爸也听到了外面的动静。他转过头来，看了一眼，但没有立即介入。

小米感受到妈妈生气了，立刻降低了声音说："但是，小米也想吃。"看到妈妈不理自己，她又跑到妈妈身边继续哭闹。

妈妈深吸一口气，忍住自己的脾气，心平气和地问小米："你为什么总是这样呢？"小米哭着说："大家等下吃完了。"

妈妈还是不慌不忙地跟小米讲道理。她指着小米的玩具区说："刚刚你在这里玩，妈妈有没有叫你洗手吃饭？"小米点了点头："有。"

妈妈继续问："你自己说不想吃，我说你想吃的时候再来吃。那你为什么突然发脾气？"小米理直气壮地回答："我想吃的。"

这时，小米站在饭桌旁，妈妈怕她不小心碰到碗，就想让她往旁边挪一挪。她轻轻碰了碰小米的肩膀，没想到小米却用力地推开了妈妈的手。

妈妈心中的怒火被点燃了，但她还是努力克制着。她深吸一口气，对小米说："小米，你这样是不对的。你不能因为自己的任性就伤害别人。妈妈已经说过等你玩完再吃，你现在这样哭闹是没有用的。"

小米听着妈妈的话，渐渐停止了哭闹。她看着妈妈生气的脸，心中有些害怕。

这时,爸爸从厨房走出来,他走到小米身边,蹲下身子对她说:"小米,你知道吗?每个人都有情绪,但是我们要学会控制自己的情绪哦。你看,妈妈现在很生气,因为你用力推开了她的手。我们要学会尊重别人,这样别人才会尊重我们。"

爸爸继续说:"小米,你现在是不是很想吃饭?但是妈妈已经叫过你了,你没有来。现在你想吃,但是妈妈已经生气了。我们要怎么做才能让妈妈开心呢?"

小米想了想,走到妈妈身边,轻轻地抱了抱妈妈。她小声地说:"妈妈,对不起。我以后不会这样了。"

妈妈看着小米,心中的怒火渐渐平息。她微笑着摸了摸小米的头说:"没关系的小米,妈妈知道你是个好孩子。我们以后要学会控制自己的情绪,好不好?"

小米点了点头,脸上露出了开心的笑容。她拉着妈妈的手一起回到了餐桌旁开始享受美味的午餐。

然而,当小米看到自己喜欢的菜肴被奶奶夹给弟弟时,她心中的小火山瞬间爆发。

"那是我的!我不要弟弟吃!"小米大声地喊道,眼中闪烁着不满的火花。

妈妈温柔地劝解:"小米,饭桌上的菜是大家的,你可以吃,弟弟也可以吃。"

但小米的情绪却像脱缰的野马,完全不受控制:"不!我就是不让!这是我的!"说着,她还用力地推了弟弟一把,弟弟吓得哇哇大哭起来。

妈妈的脸色瞬间变得严肃,她的声音略带责备地说:"小米,你怎么可以这样?弟弟也是你的家人,你应该学会分享。"

小米却更加激动地说:"我不要!我就是不要!你们都不喜欢我!"说着,她竟然往房间跑去,留下了一脸惊愕的家人和陈老师。

这时,陈老师轻轻地拍了拍妈妈的肩膀,用平和而坚定的语气说:"我们先让小米冷静冷静，小孩子有时候会有自己的情绪小漩涡，需要一点时间来调整。"

妈妈微微皱眉，有些担忧地说："陈老师，你说我和孩子爸爸的情绪都挺稳定的，为什么小米的情绪如此飘忽不定，说发脾气就发脾气呢？"

陈老师闻言，微微颔首，思索片刻后，温柔地解释道：

"（1）父母不接纳孩子的情绪。有时候，父母可能无法完全接纳孩子的情绪，尤其是当孩子的情绪表达与父母的理解或期望不符时。这种情况下，父母可能会对孩子的情绪产生误解或过度反应，导致孩子感到更加沮丧和无助。孩子需要的是一个能够倾听、理解和接纳他们情绪的避风港，而不是一个充满指责和批评的场所。

"（2）孩子的需求没有得到满足。孩子的情绪不稳定，往往是因为他们的某些需求没有得到满足。这些需求可能是物质上的，如玩具、零食等；也可能是精神上的，如关爱、陪伴等。当孩子感到自己的需求没有得到满足时，他们可能会通过发脾气的方式来表达自己的不满和失望。

"（3）经验不足，不会表达。孩子由于年龄尚小，缺乏处理复杂情绪的经验，同时他们的语言表达能力也还在发展中，因此往往无法准确地表达自己的感受和想法。这种情况下，孩子可能会因为无法与他人有效地沟通而感到沮丧和愤怒，从而通过发脾气来宣泄自己的情绪。"

针对以上原因，陈老师给出了以下建议：

"接纳孩子的情绪：当孩子发脾气时，父母要保持冷静和耐心，试着去理解孩子的情绪，而不是立即进行指责和批评。要让孩子知道，他们的情绪是被接纳和理解的。

"关注孩子的需求：父母要时刻关注孩子的需求，尤其是精神上的需求。要给予孩子足够的关爱和陪伴，让他们感到安全和满足。

"引导孩子表达情绪：父母可以通过一些日常的小活动，如画画、讲故事等，来引导孩子表达自己的情绪和感受。同时，也要教会孩子一些基本的沟通技巧，让他们能够更好地与他人沟通。"

妈妈听了陈老师的解释和建议后，脸上露出了恍然大悟的表情。她感激地点点头，表示会努力尝试这些方法，帮助小米更好地管理自己的情绪。

陈老师温柔地笑了笑，眼神中充满了理解和耐心："小米现在还小，她的情绪调节能力还在发展中，所以可能会显得比较情绪化。作为家长，我们要有耐心，慢慢引导她。"

"那我们具体应该怎么做呢？"妈妈急切地问道。

"首先，我们要保持冷静和耐心，不要被小米的情绪所带动，"陈老师继续说道，"当她发脾气时，我们可以试着先忽略她的行为，转而关注她的情绪，问问她是不是不开心，是不是遇到了什么困难。这样，小米就会感受到我们的关心和理解，情绪也会慢慢平静下来。"

"哦，原来是这样。"妈妈若有所思地点点头，"那我以后试试这个方法。"

陈老师微笑着点头："对，而且我们还可以通过一些日常的小活动来帮助小米提升情绪管理能力，如一起画画、做手工，或者玩一些情绪识别的游戏。这些都能让小米更好地认识和理解自己的情绪，从而学会更好地调节它们。"

接着，陈老师带着妈妈找到了躲在房间里哭泣的小米。她轻轻地推开门，温柔地呼唤着："小米，别哭了。陈老师来了，我们聊聊好吗？"

小米抬头看着陈老师，眼中满是委屈和不解。陈老师坐到她的身边，轻轻地搂住了她："小米，你知道吗？每个人都有自己的情绪，但我们要学会控制它，不能让它伤害到自己和别人。"

小米抽噎着说："可是……可是我就是很生气……我不喜欢弟弟抢我的东西……"

陈老师耐心地解释："妈妈已经说了，弟弟还小，他不懂得分享。但你是个大孩子了，你应该学会包容和分享。这样，你才能得到更多的爱和快乐。"

接着，陈老师又转向妈妈，用轻松的语气说："其实啊，孩子们之间的争吵是很正常的。我们关键是要引导他们学会如何解决问题，而不是一味地责备。"

妈妈点了点头，眼中闪烁着感激的光芒："是啊，陈老师你说得对。我应该更加耐心地引导小米，而不是直接责备她。"

陈老师微笑着看着母女俩，心中充满了欣慰。她继续引导着小米："小米啊，你看这样好不好？我们以后遇到问题时，先冷静下来，想想怎么解决。比如现在，你可以跟弟弟道歉，然后我们一起分享这些好吃的菜肴。"

小米听着陈老师的话，渐渐地停止了哭泣。她想了想，然后点了点头："好吧……我去跟弟弟道歉。"

陈老师满意地笑了："这就对了！我相信小米是个懂事的好孩子。"

于是，小米在陈老师的陪伴下，鼓起勇气走出了房间。她走到弟弟面前，轻轻地拉了拉他的手："弟弟……对不起……我不该推你……我们一起吃饭吧。"

弟弟看着小米，眼中闪烁着好奇和原谅的光芒。他点了点头，然后拉着小米的手一起回到了餐桌旁。

这场风波终于平息了，家人们重新围坐在一起，享受着这顿充满爱的午餐。

妈妈看着陈老师，脸上露出了释然的笑容："谢谢您，陈老师，您真是帮了我大忙了。"

陈老师客气地摆摆手："不客气，这是我应该做的。我们都是为了小米好，希望她能健康快乐地成长。"

情绪管理，就像是一场心灵的修行，它教会我们如何与自己和平共处，如何在纷扰的世界中找到内心的宁静。在这个过程中，我们学会了接纳自己的情绪，无论是喜悦还是悲伤，都是生命不可或缺的一部分。我们学会了理解自己的情绪，明白它们背后的原因和需求，从而更好地照顾自己。

同时，我们也学会了表达情绪，用合适的方式与他人沟通，让彼此的心灵更加贴近。情绪管理不是压抑或忽视情绪，而是学会与情绪共舞，让它们成为我们成长的力量。

最后，我想说，情绪管理是一场持久战，需要我们不断地练习和反思。但只要我们愿意付出努力，就一定能够收获一个更加平和、更加快乐的自己。让我们一起，用爱和智慧，去拥抱每一个情绪，让它们在我们的生命中绽放出最绚烂的光彩。

预防疾病 健康成长

在一个充满希望的早晨,阳光洒在街道上,乐乐和他的妈妈一起骑着电动自行车,满怀喜悦地前往幼儿园。沿途的风景美如画,一切都显得那么和谐。然而,就在他们抵达幼儿园门口妈妈为乐乐整理书包的背带时,手碰到乐乐的额头,发现乐乐的头有点烫,好像发烧了,虽然乐乐的精神状态还不错,但妈妈依然决定带他去医院检查,便对乐乐说:"乐乐,今天我们不去幼儿园了,妈妈要带你去医院检查一下。"乐乐说:"我不要去医院,我要去幼儿园。"妈妈又说:"你看看你又生病了,叫你多吃蔬菜少吃零食,就是不听,现在发烧了,快点上车去医院!"

乐乐噘着小嘴,不情愿地说:"我不要去医院,我要上幼儿园。"

妈妈耐着性子哄道:"那我们先去医院,看完病再来幼儿园吧。"

乐乐摇了摇头,委屈地说:"我不要,今天有我最喜欢的美术课,我要去幼儿园。"

乐乐妈妈的耐心已经用尽,大声地喊道:"现在必须去医院。我已经跟你说过,零食吃多了对身体不好,可你就是不听。现在生病了,你又不愿意去医院,看你怎么办,你再不走,我就不要你了!"

乐乐见妈妈生气了，眼眶里瞬间蓄满了泪水，他边哭边大声地说："我不要去医院，我就是不要去医院，我不要吃药，我就想去幼儿园跟同学们玩！"说完就一屁股坐在地上不起来。

乐乐的妈妈看到这个情况后，变得更加恼怒和焦躁。她严厉地对孩子说道："你起不起来，再不起来妈妈要揍你了。"

乐乐听到这句话，哭得更大声了，他用手捂住眼睛，身体蜷缩成一团，仿佛想用这种方式来逃避即将面临的医院之行。周围的家长们纷纷投来关切的目光，有的轻声安慰，有的则投以理解的微笑。毕竟，每个孩子都是父母心中的宝贝，在面对疾病时的抗拒和不安，是再正常不过的反应。

就在这时，李老师见状立刻上前询问情况。得知乐乐因发烧不愿去医院后，李老师来到乐乐和妈妈的身边，对乐乐妈妈说："请您放宽心，孩子生病时情绪难免波动，这是很正常的。让我们携手合作，共同寻找一个既能有效治疗孩子，又能让他感到愉悦与安心的方案吧。"

李老师蹲下身子，用温柔的声音对乐乐说："乐乐，你知道为什么我们生病了要去医院吗？"乐乐摇摇头。

李老师轻声地说："因为医院里有医生和护士，就像是保护我们身体健康的勇士。请你帮帮忙，摸摸你的额头，再摸摸老师的额头，你感觉到了什么？"

乐乐摸了摸自己的额头，又摸了摸李老师的额头，立刻感受到了明显的温差，他小声地说："我的额头好热。"

李老师微笑着点头："乐乐，你的额头比老师的热，那就是发烧了呢。发烧是身体在告诉我们，它现在需要休息和照顾。其实我们的身体是非常聪明的，当它感到有病菌进攻时，就会发出各种信号，如发热、咳嗽、肚子疼等。这时，我们就需要去医院找医生勇士，帮助我们找出攻击我们身体的病菌，然后用药物或者其他治疗方法来消灭它。如果我们不及时去医院，让医生和护士帮助我们，等病菌攻进我们的身体里，我们就会更难受，甚至只能躺在床上，这样你愿意吗？"

乐乐听了李老师的话，眼睛里闪烁着思考的光芒。他停止了哭泣，用小手擦了擦眼泪，带着几分委屈地说："可是，我还是想在幼儿园，和玲玲一起上美术课。"

李老师轻轻抱了抱乐乐，温柔地继续道："乐乐，老师知道你很期待和玲玲一起上美术课，这是件非常美好的事情。但是，你现在被病菌攻击了，还没有打败它。病菌看到你和玲玲一起，它也会攻击玲玲，玲玲是女孩子，很容易被打倒的，你愿意玲玲这样吗？"

乐乐闻言，眉头紧锁，显然是在认真考虑李老师的话。他想了想，然后抬头看向李老师，眼神中带着一丝坚定："我不要玲玲也被病菌打倒，那她会很难受的。"

李老师欣慰地笑了，轻轻抚摸着乐乐的头："乐乐真是个善良的好孩子。那我们现在就去医院，让医院里的医生和护士帮我们乐乐一起打败那些病菌，然后再健健康康地回到幼儿园，和玲玲还有其他小朋友一起上美术课，好不好？"

乐乐的眼睛渐渐亮了起来，他抬头看向妈妈，又看了看李老师，似乎在权衡这个提议。最终，他点了点头，用带着一丝期待的眼神看着妈妈和李老师，哽咽但坚定地说："那……那我乖乖去医院，是不是就可以快点好起来，然后去幼儿园上美术课了？"

李老师肯定地点点头说："是的。"

妈妈见状，心中的怒火早已烟消云散，取而代之的是满满的温柔与欣慰。她蹲下身，轻轻地将乐乐揽入怀中，声音柔和而坚定："是的，乐乐，我们去医院看一下，如果医生说你没事，我们就回来，好不好？"

乐乐抬头看着妈妈，眼中的泪水还未完全干涸，但他用力地点了点头，仿佛下定了决心。他站起来，拍了拍身上的灰尘，重新坐回了电动自行车上。

李老师看着乐乐乖巧的样子，满意地点了点头，然后转身对乐乐妈妈说："乐乐妈妈，记得告诉医生乐乐的病情和症状，这样医生才能更准确地判断病情。另外，如果乐乐需要吃药，尽你所能让他理解，服用药物的目的是帮助他尽快恢复健康。你可以给予他一些正面的鼓励和支持，让他更乐意接受这个治疗过程。告诉他，每咽下一颗药丸，就意味着他的身体正在逐步康复，疾病在慢慢消散。鼓励他坚持下去，相信药物的力量，相信自己能够战胜病痛。让他感受到你的关心和支持，知道你一直在他身边，陪伴他度过这段艰难的时光。通过你的鼓励和关爱，他将更有信心和勇气去面对疾病的挑战，迎接健康的生活。"

乐乐妈妈感激地点了点头，她知道李老师是一个非常有经验的老师，她的建议一定会对乐乐有所帮助。于是，她骑着电动自行车，载着乐乐前往医院。

到了医院，空气中弥漫着淡淡的消毒水味，乐乐不自觉地抓紧了妈妈的衣角，眼神中闪过一丝不安。

妈妈感受到了乐乐的紧张，想到李老师说的要鼓励孩子，帮助孩子消除不安，于是她抱了抱乐乐，用温暖而坚定的声音说："乐乐，别怕，妈妈在这里。医院里有很多穿着白衣服的天使，他们会帮助你打败身体里的病菌，让你重新变得健健康康的。"

在诊室，乐乐的妈妈详细地描述了乐乐的症状，医生听后，温柔地对乐乐说："小朋友，来，让叔叔听听你的心跳，看看我们的小勇士怎么了。"乐乐虽然还是有些害怕，但看到妈妈鼓励的眼神，还是鼓起勇气，靠近了医生。

经过一番检查，医生确认乐乐是发烧了，由于挑食导致身体免疫力较差，因此症状相对明显。医生开具了一些适合儿童服用的药物，以缓解乐乐发烧和咳嗽的症状。同时，医生也强调了饮食均衡的重要性，建议乐乐妈妈回家后调整孩子的饮食习惯，增加蔬菜水果的摄入，提高身体抵抗力。

乐乐妈妈听后，认真记下了医生的嘱咐，并感激地向医生道谢。

随后，他们拿着药方来到药房取药。药房里，一位和蔼可亲的药剂师微笑着递给乐乐妈妈一个装满五颜六色药片的小药盒，并细心告知每种药物的服用方法和注意事项。乐乐好奇地看着那些色彩斑斓的药片，妈妈趁机对乐乐说："看，这些是小精灵的药丸，它们会帮助你打败身体里的坏病菌哦。每次你勇敢地吃下一颗，就会变得更加强大。"乐乐听后，眼睛里闪烁着兴奋的光芒，仿佛真的相信了那些药片是拥有魔力的。

回家的路上，乐乐不再像来时那样紧张，反而对即将开始的"战斗"充满了期待。他坐在电动车后座上，紧紧抱着妈妈，不时地问："妈妈，吃了药，我是不是就可以打败病菌，然后和玲玲一起画画了？"妈妈笑着点头，眼里满是欣慰与鼓励。

　　回到家中，乐乐在妈妈的陪伴下，虽然有些不情愿，但还是乖乖地吃完了药。妈妈为了让乐乐更容易接受，还特意准备了他最爱吃的水果作为奖励。乐乐吃完药后，果然开心地吃起了水果，脸上洋溢着满足的笑容。

　　接下来的几天里，乐乐按照医生的嘱咐，按时吃药，饮食也变得规律起来。妈妈还特意为他准备了一些营养丰富的食谱，帮助他增强免疫力。乐乐的身体状况逐渐好转，烧退了，咳嗽也减轻了。每当这个时候，妈妈都会夸奖乐乐是个勇敢的小战士，让他更加坚定了战胜疾病的信心。

　　终于，经过妈妈一周的精心照料，乐乐完全康复了。他迫不及待地想要回到幼儿园，和玲玲还有其他小朋友一起上课、玩耍。妈妈看着乐乐充满活力的样子，心里充满了欣慰和感激。她知道，这次经历不仅让乐乐学会了勇敢面对困难，还让他体会到了健康的重要性以及家人和老师的关爱与支持。

　　回到幼儿园的那天，乐乐一进门就得到了大家的热烈欢迎。玲玲更是飞奔过来，给了他一个大大的拥抱。在美术课上，乐乐和玲玲一起认真地画着画，脸上洋溢着幸福的笑容。而李老师则在一旁默默地看着这一切，心里为乐乐的成长感到无比的骄傲和满足。

　　从那以后，乐乐变得更加注意自己的健康了。他不再挑食，多吃米饭和蔬菜，少吃零食。他还经常参加幼儿园组织的健康活动，和小朋友们一起锻炼身体。乐乐的身体越来越强壮，他也变得越来越快乐了。

　　通过这次经历，让乐乐和他的妈妈更加珍惜彼此，也让他们更加明白健康的重要性。在未来的日子里，他们将一起面对更多的挑战和困难，但只要有爱相伴，他们就有信心和勇气去克服一切。

第三篇 生活技能

生活自理

整理物品　学会自理

当那抹金色的落日余晖洒落在幼儿园的每一个角落，整个幼儿园都沐浴在温暖的光芒中。在这美丽的时刻，孩子们在教师的细心安排下，有序地排成一列列整齐的队伍。他们安静地站在离园区域，小手紧紧地抓着自己的书包，脸上洋溢着期待与喜悦的表情。教师们站在一旁，微笑地看着孩子们，心中充满了满足和欣慰。他们知道，这些孩子们已经在这里度过了愉快的一天，学到了新知识，结交了新朋友。而现在，他们正等待着家人的到来，回家后可以与家人分享自己今天的收获和快乐。在这个温馨的时刻，幼儿园里充满了爱与关怀。孩子们的欢笑声、教师的叮咛声、家长的呼唤声交织在一起，构成了一幅美好的画面。这一切都让人感到温暖和幸福，让人期待着每一天的到来。

然而，当小檬妈妈来接小檬的时候，她很快察觉到小檬的情绪不对劲。小檬的脸上写满了不开心，眉头紧皱，嘴角下垂，看起来非常沮丧。小檬妈妈心中不禁一沉，她试着询问小檬发生了什么事情，但小檬只是默默地摇头，不愿意开口说话。这让小檬妈妈感到很困惑，她猜想也许是小檬在幼儿园里遇到了不开心的事情，或者是和其他小朋友闹矛盾了。但是，无论小檬妈妈怎么追问，小檬始终保持沉默，不肯透露任何信息。

　　就在小檬妈妈一筹莫展的时候，小檬的班主任老师及时告知了缘由。原来，在今天的幼儿园区域活动期间，小檬在建构区搭积木时，因为缺少了两块积木，导致没能完成她最爱的积木作品，所以她闷闷不乐，很不开心。那么，为什么建构区会缺失材料呢？是被其他小朋友藏起来了吗？是老师故意收走了吗？都不是！其实是因为上午在建构区活动的时候，小檬没有按要求将材料归类整理好，而且任由积木散落一地，从而导致再次进行积木搭建时缺少了她需要的几块，积木数量不齐全，所以作品就无法完成搭建。

　　了解了事情的真相后，小檬妈妈更愁了。回想起小檬在家的表现后，小檬妈妈意识到问题的严重性。在家时，小檬每次玩完玩具后也是从不整理归位，玩的时候忘乎所以，等到下次再玩的时候发现少了材料，需要某样玩具材料的时候却找不到就发脾气、哭闹不休，不仅家里显得乱七八糟的，家里人也被她吵得焦躁不已。

　　老师听完后，微笑着表示理解，然后轻轻地摸了摸小檬的头，温柔地开口："《3～6岁儿童学习与发展指南》中指出，'要培养幼儿具有良好的生活与卫生习惯、基本的生活自理能力'。幼儿园的孩子正处于人生的初始阶段，是各种习惯养成的关键时期，我一直想与您探讨关于培养小檬自理能力的这个问题。通过我们老师的多次观察，发现小檬对整理自己物品的生活习惯需要加强引导。"这话可说到小檬妈妈的心坎儿里了，小檬妈妈连忙点头，激动地拉着老师的手说："是啊，我们一开始没太在意，放任她的这些坏习惯，现在想纠正又实在是无从下手。"

　　老师根据孩子在园的实际情况，委婉细致地告知家长："小檬在幼儿园里也经常出现类似的情况。每次玩完玩具后，总是忘记整理或者只整理一部分。这不仅影响了教室的整洁，还给老师和其他小朋友带来了一定的困扰。虽然老师也曾多次提醒她，但是效果并不理想。典型的表现是周五明明已经能有意识地主动整理玩具，但是周一返园后就好似被打回原形，这就证明她并没有真正养成整理的好习惯。当然,这可能是因为她还太小,没有意识到整理的重要性,或者是因为她觉得整理玩具是一件无聊的事情,又或者觉得反正会有人帮她收拾。无论是出于哪种原因,孩子都需要逐渐养成良好的物品整理习惯。凡是小孩子能够自己做的事情,你千万不要替代他做。要培养幼儿的独立性,就要放手让孩子自己动手,这不仅能提高孩子的生活自理能力和自我服务意识,同时对培养孩子独立做事的品质也有很大的促进作用。因此,整理的习惯对于孩子的成长非常重要。"

对于老师的观点,小檬妈妈表示高度认同。小檬妈妈听完后,神情认真地对老师说:"老师,您说得太对了,我应该怎么做呢?"老师郑重地告诉家长:"家庭是孩子成长的重要环境,家长的支持和引导同样重要。"为了让孩子在家也能养成良好的整理习惯,学会分类整理物品,建立良好的秩序感,老师提议道:"既然如此,我们不如现在回到教室,让小檬对班级的玩具进行一次整理,这样不仅能帮助她找到丢失的积木,还能让她完成今天未完成的积木作品,从而彻底改善她的负面情绪。您看怎么样?"对此,小檬妈妈欣然接受。

于是,老师蹲下身与孩子平视,语气温和地对小檬说:"小檬,现在咱们一同回到教室,找到那两块不见了的积木,继续完成今日的积木搭建作品,怎么样?我想,这个作品肯定很特别!"受到老师的认可和鼓舞,小檬跃跃欲试。她兴奋地点点头,高兴地说道:"好!"

小檬主动拉着妈妈的手一蹦一跳地往教室走去。一进入教室,就看到建构区一片凌乱,积木散落满地,看上去乱七八糟的,她有些愕然地看着建构区。小檬看了看老师,又偷偷瞄了一眼妈妈,显得有些慌乱。老师轻柔地抱了抱小檬,目光注视着小檬轻声问道:"小檬,今天建构区的值日生是不是你呀?"小檬点点头小声地回答:"老师,是我。""为什么在离园的时候没有将积木整理好呢?"老师轻轻地问道。"我……我……"小檬看了看妈妈,又看了看老师,支支吾吾不说话。紧接着,老师追问道:"那今天上午的积木是谁整理的呢?"小檬轻声地回应道:"是老师让小琴整理的。"这时老师说道:"小檬,你看小琴今天整理了积木,她是按自己的方式整理的,所以下午时她很快就找到了她需要的积木,完成了创作。你想不想每次玩的时候也可以很快地找到自己需要的材料完成创作呢?试试看,我们现在按自己的方式也把这里整理好吧!"小檬大声回应道:"好!"妈妈也为小檬鼓劲,声音中满含信任:"檬檬,妈妈对你充满了信心,你一定可以的!"小檬轻轻地点了点头,随后走到建构区开始行动。

她看着散落一地的积木,一时间不知该如何下手。这时,老师对小檬说:"小檬,来。你瞧,这些物品都有什么样的形状?"小檬犹豫了一下,然后开始仔细地观察这些积木。她发现这些积木形状各异,有三角形、长方形、正方形、圆形、半圆形等等,而且大小颜色也不一样。老师说:"我们可以先按照形状分类,将相同形状的积木放在一起。然后再按照大小、颜色进行细分。"在老师的引导下,小檬开始动手整理。她小心翼翼地将每个积木拿起,然后找到相同形状的归类在一起。渐渐地,原本凌乱的建构区变得井井有条。小檬看着自己的劳动成果,脸上露出了自豪的笑容。接着,老师又向小檬展示了如何根据大小和颜色进行分类。小檬认真地看着老师的示范,然后自己尝试着进行整理。虽然过程中有些困难,但在老师的鼓励和指导下,小檬逐渐掌握了整理技巧。整理完毕后,她发现,整理后的物品不仅看起来更加整洁,而且找东西也变得更加方便了。

不一会儿,听到小檬雀跃的呼声:"妈妈,我找到了!我按照老师的方法找到了!哈哈!"妈妈看到女儿充满成就感的表现十分感动。她走过去,轻轻拥抱着小檬,温柔地说:"宝贝,你看,通过自己的努力,你学会了整理物品。这真是一件了不起的事情。"小檬也在妈妈的赞美与鼓励中,骄傲不已。见此情景,老师立即走到小檬身边,亲切地说道:"小檬,妈妈告诉老师,你在家很多玩具自己都找不到了。今天回家后,你自己好好整理一下,看看玩具还在不在,好吗?"小檬自信地说:"好。"她看着老师,眼中闪烁着坚定的光芒,说道:"老师,今天回家后,我就把家里的玩具整理好,以后都不要妈妈整理了。"老师听了小檬的话,脸上露出了赞许的微笑。

老师转向小檬妈妈，微笑着说："小檬今天的进步非常大，她学会了如何整理物品，这是一个很好的开始。但孩子的成长需要持续的支持和引导，所以您作为家长，在家庭中也可以采取一些措施来帮助小檬巩固这个习惯。"妈妈听后认真地点点头，表示愿意听取老师的建议。老师继续道："首先，您可以在家里设立一个专门的玩具收纳区，让小檬知道哪里是她应该整理玩具的地方。您可以和她一起设计收纳区，让她参与进来，增强她的责任感和主动性。"妈妈听后，眼睛一亮，觉得这个方法很实用。她表示会立即回家准备一块区域作为小檬的玩具收纳区。老师接着说道："其次，您可以教小檬使用标签和分类盒来整理玩具。例如，您可以为不同种类的玩具贴上标签，比如按布偶类、积木类、塑料玩具类等进行分类，这也更容易让孩子养成分类的习惯。然后让小檬将玩具按照标签放入相应的分类盒中。这样不仅可以培养她的分类能力，还可以让她更容易找到想要的玩具。"妈妈听后，觉得这个方法既简单又实用，她决定回家后立刻付诸实践。最后，老师强调道："最重要的是，您要以身作则，成为小檬的榜样。当您自己整理物品时，让小檬看到您的行为，她会模仿并学习您的习惯。同时，也要给予小檬足够的鼓励和赞美，让她在整理过程中感受到成就感和乐趣。"

小檬妈妈听后深受启发，回到家后，通过"玩具是你的""把你的玩具宝宝送回家"等语言建立并强化孩子对玩具的物权意识，让孩子意识到自己是家庭中的一员，应当与家人一起保持家庭环境的整洁、干净。在家庭培养孩子好习惯的过程中，孩子有时候也会抗拒收拾，这时小檬妈妈就会像老师建议的那样适当让孩子体验"玩具失踪"的惩罚，让孩子意识到要为自己不收拾玩具的行为承担责任。当孩子愿意收拾玩具时，不论摆放是否整齐、分类是否正确，小檬妈妈经常会对孩子说："今天自己把玩具送回家，做得真不错！""你把玩具都收拾好了，客厅看起来真干净！"紧接着，再慢慢提出分类整理的要求，循序渐进，如"如果你能把不同的玩具分开放就更好了！""如果你能把这些收起来的玩具整齐地排排队，看起来会更舒服哦！"用鼓励的方式激发孩子想要做得更好的意愿。通过一段时间的家园同步共育，小檬不仅养成了良好的生活习惯，也变得更加自律自觉了。通过这次经历，小檬不仅学会了整理物品的方法，还锻炼了观察能力，培养了分类整理的习惯。通过这次与老师的沟通，家长亦收获满满，妈妈不仅学会了教孩子整理物品的方法，还深刻体会到了家庭教育的重要性和自己在孩子成长过程中的重要角色。

家长朋友们，自理能力的培养是一个长期、持续的过程，需要家长、幼儿园和社会的共同关注和支持。只有让孩子们学会自理，他们才能在未来的生活中独立、自信地面对各种挑战。让我们共同努力，为孩子们的成长助力，让他们在自立、自信、有担当的道路上越走越远。

自我保护

让孩子学会保护自己的安全

安全是孩子成长中的头等大事。生活中不难发现，孩子的安全意识十分薄弱。我们应看到孩子缺乏安全意识背后的深层原因，思考父母应该如何帮助孩子从危险的自我中心中走出来，建立真正的生命安全意识。

周末的上午，老师和然然妈妈约好在小区的公园和然然一起玩。来到公园后，看到然然妈妈用充满焦急的声音在大声地叫着孩子的名字，妈妈一边大声地呼唤着，一边焦急地哭着。大家看到后也加入到寻找孩子的队伍，不一会儿，在小区的另一个游乐场中找到了然然。然然正开心地和一个陌生哥哥一起玩。妈妈看到孩子后既着急又生气，一把将然然拉过来，质问道："你怎么可以一声不吭就跑到这边来玩？你不知道很危险吗？妈妈不是告诉你不能和陌生人走吗？你怎么就是不听呢？"妈妈的一顿指责，把然然吓得一动不动。妈妈看到然然这个样子更加生气，扬起手就要打。这时，老师忍不住对然然妈妈说："孩子没事是最重要的，安全就好，不要动手。"看着然然被妈妈的行为吓到了，老师蹲下来和然然说："妈妈看不到你很担心，所以才会那么大声地对你说话。"然然看了看老师，生气地说："我想去那边玩，妈妈和别的阿姨玩，我叫她，她也不理我啊！"

然然妈妈看到孩子完全不知道自己有错，气不打一处来，又想要打她，老师见状赶紧制止然然妈妈："打骂只会让孩子感到恐惧、焦虑，你换个角度，试试积极、温和的方式也许更有用。"然然妈妈听完后，也意识到自己确实太激动了，她走过去蹲下来对然然说："宝贝，妈妈不是不允许你跟别人玩，但是前提是你得告诉妈妈，这个人是陌生人，有可能是坏人，所以你不能随意跟别人玩，知道吗？""这个哥哥很帅的，不是坏人。"然然对妈妈说。妈妈听到后很生气地说："都跟你说了很多遍了，不认识的人都不要去搭话，你怎么就是不听呢？""我们老师说了，长得帅的人都是好人。"然然也大声地回应着。这时，老师知道妈妈的情绪已经上来了，不能好好沟通了，就主动对然然说："然然，刚刚跟你玩的那个哥哥你是怎么认识的？"然然回答说："这个哥哥也是住在我们这个小区的，我上次和奶奶来游乐场玩的时候就见过他了。""你见过这个哥哥在这个小区玩不代表这个哥哥就住在这个小区，而且你们之间也不认识，妈妈爸爸也不认识他，你过去跟他玩是很危险的，他要是把你带走了，爸爸妈妈就很难找到你了。"听到这里，然然似乎也知道这样是有危险性的，认真地点点头。看到然然已经认识到这个问题的严重性了，然然妈妈温和地对然然说："以后出来玩一定要在爸爸妈妈的视线范围内。"然然看到妈妈说话温柔了，也开心地拥抱了妈妈，然后开心地和小伙伴去玩了。

　　老师和然然妈妈坐在一边，然然妈妈一脸愁容地说："然然的自我保护意识真的很差，今年都已经6岁了，经常跟她说都没用，对人一点防备心理都没有，特别是男性朋友，面对谁都热情，我都愁死了，不知道该怎么办。"听到然然妈妈的话，老师说："然然妈妈，从另外一个角度看，这证明孩子的性格很开朗乐观，是个有爱心的孩子。然然和爸爸的关系是不是很好？"然然妈妈着急地说："是的，非常好，好到我都嫉妒了。正是因为爸爸给了然然足够的安全感，所以她不怕陌生人，这是好事。问题是她分不清好人和坏人，跟谁都亲，这样是很危险的。"然然妈妈叹了叹气，继续说道："为了提高她的安全意识，我们带她去上介绍安全知识的课程，也告诉她人性险恶，但她转过头就忘了，您说我该怎么办呢？"然然妈妈还告诉老师："有一次去商场，在游乐场玩的时候有个年轻小伙子过去跟她玩，不一会儿她就跟着人家到楼下去玩了，当我发现她不见后，四处寻找，找了好久才在一楼的肯德基找到她，当时她正坐在别人旁边，还吃着别人的东西，完全没有安全意识和防备之心。从此以后我变得格外谨慎，尽量不让她外出，但长期这样下去肯定是不行的。"看到然然妈妈这样担忧，老师心里也很不是滋味，谁家孩子不是心头肉呢。老师说："然然妈妈，培养孩子的自我保护意识是每个家长的责任，也是孩子成长过程中的必修课。我们作为父母最重要的是让孩子在成长过程中通过不断积累社会经验去提高安全意识。"在对待孩子安全意识培养的问题上，老师建议可以从以下几个方面入手。

1. 教育引导

（1）通过日常谈话，向然然解析哪些行为是安全的，哪些可能会导致自己受到伤害，并教她如何辨别潜在危险。

（2）使用绘本、动画片和游戏等工具，将安全知识融入孩子感兴趣的活动中，使其更易于接受和理解。

（3）鼓励孩子提问，并耐心回答她的疑问，帮助她建立正确的安全观念。

2. 模拟练习

（1）设计不同的模拟场景，如"火灾逃生""陌生人敲门"等，让孩子在安全的环境中模拟正确的应对措施。

（2）通过角色扮演游戏，让孩子扮演不同的角色，学习如何在紧急情况下求助和保护自己。

3. 自理能力

（1）鼓励孩子参与家务活动，如整理房间、洗衣服等，培养她的自理能力。

（2）设定一些小任务，如自己穿衣、系鞋带等，逐步提高孩子的自理能力。

4. 法律意识

（1）通过案例讲解，向孩子普及基本的法律知识，让他们了解法律对于保护未成年人的作用。

（2）教育孩子如何识别违法行为，以及如何在遇到违法行为时保护自己并寻求帮助。

5. 情感沟通

（1）定期与孩子进行深入的谈话，了解她的想法和感受，建立信任关系。

（2）鼓励孩子分享自己的经历和问题，提供支持和建议，帮助她处理复杂的情感问题。

6. 榜样作用

（1）家长要时刻保持警惕，遵守安全规则，成为孩子的榜样。如过马路时必须走斑马线，红灯亮时绝不能通行，即便路上没有车辆，也要让孩子明白规则是必须遵守的，不能随意更改。

（2）通过自身行为示范，如遵守交通规则、不随意泄露个人信息等，引导孩子树立正确的安全意识。

7. 及时反馈

（1）对孩子表现出的良好自我保护行为给予及时的认可和表扬，增强他们的自信心和自我保护动力。

（2）当孩子犯错或出现不安全行为时，要及时指出并引导他们认识到错误可能引发的后果，帮助他们改正。

然然妈妈非常认同老师的观点，并愿意尝试老师提出的建议与家人共同努力，提升然然的自我保护意识。每隔两周，老师都会与然然妈妈通电话，了解然然在实施上述措施后的变化。然然妈妈在多次电话反馈中提到，孩子的安全意识正在逐渐提高。

老师看到孩子在家长的引导下不断进步，感到由衷的欣慰。总之，培养孩子的自我保护意识是一个长期且持续的过程，需要家长的耐心、关注和引导。只有这样，孩子才能在一个安全的环境中健康成长。

入园分离不焦虑　轻松应对有妙招

清晨的阳光透过幼儿园的大门，洒在一对母子身上。孩子名叫小军，他背着书包，站在幼儿园门口，脸上写满了不安与焦虑。尽管已经开学第二周了，但小军的眼神中依然闪烁着泪光，小嘴微微噘起，眉头紧锁，仿佛整个世界都压在他的小肩膀上。他的小手紧紧抓着妈妈的衣角，仿佛一松开就会失去所有的安全感。

"妈妈，我不想进去。"小军的声音带着一丝颤抖，眼神中充满了恳求。小军妈妈蹲下身子，温柔地抚摸着小军的头，眼里满是心疼与不舍。"小军，幼儿园是一个充满乐趣和知识的地方，你会在那里遇到很多新朋友，和你一起玩游戏、学本领。妈妈相信你一定能够勇敢地面对这一切。"小军听着妈妈的话，眼神中闪过一丝犹豫，但很快又被焦虑取代。"可是，妈妈，我会想你的。"他的声音中带着哭腔，眼泪在眼眶里打转。小军妈妈将小军紧紧搂在怀里，轻声细语地说："妈妈也会想你，但小军是个勇敢的孩子，妈妈相信你能在幼儿园里度过快乐的一天。等放学了，妈妈就来接你回家，好吗？"小军摇摇头："妈妈，我不要去幼儿园，我要和你在一起。"他的哭声撕心裂肺，眼泪像断了线的珠子一样往下掉。小军妈妈心疼地抚摸着小军的头,温柔地安慰他:"小军,妈妈知道你舍不得妈妈,但幼儿园是每个小朋友都要去的地方,妈妈保证,下午一定会来接你的。"小军大声哭了起来:"妈妈,不要走,我要妈妈!"小军妈妈深吸一口气,再次尝试说服他:"小军,你要勇敢,每个小朋友都要上幼儿园的。"小军哭得更厉害了,他紧紧抱住妈妈,仿佛一旦松手,妈妈就会消失。

这时,小军妈妈的脸色开始变得焦急,她的声音也带上了几分不耐烦:"小军,你这样不行!妈妈也要去上班的,你再这样,下次就让奶奶送你了。"然而,小军依旧哭得很伤心,他的哭声在幼儿园门口回荡。小军妈妈失去了耐心,她生气地说:"你再这样哭,妈妈就不喜欢你了!"

就在这时,李老师走了过来。她蹲下身子,用柔和的语气对小军说:"小军,老师知道你现在很难过,但幼儿园是个很有趣的地方。你可以和小朋友们一起画画、玩游戏,还有很多新奇的事情等着你去发现。不要害怕,老师会一直在这里陪着你,直到妈妈来接你。而且幼儿园里还有你最喜欢的小汽车哦!"在李老师的耐心安慰下,小军虽然还在抽泣着,但哭声已经明显减弱。李老师牵起小军的手,温柔地引导他走进教室。

随后,李老师从教室出来,看见小军妈妈还在幼儿园门口徘徊,便语气平和但坚定地对小军妈妈说:"小军妈妈,孩子产生入园分离焦虑是很正常的,作为父母也要耐心一些,多给孩子一些理解和鼓励,小军在幼儿园您可以放心。"小军妈妈听了老师的话,脸上露出了一丝愧疚的神情,说:"其实刚才我并不是有意对他发脾气,但实在是受不了他每天扭扭捏捏不肯去幼儿园,怎么说都不听。都已经第二周了,为什么还是无法适应?我能和您聊聊吗?"李老师微笑着回答道:"当然可以,我们到办公室坐下来聊吧!"

来到办公室,李老师为小军妈妈倒了一杯水后说道:"每个孩子从熟悉的家庭环境进入幼儿园这样一个陌生的环境,都需要一个适应的过程。就像我们进入一个新的工作环境,也难免感到紧张和焦虑。我们需要时间去适应陌生环境,更何况是孩子呢。所以这是一件很正常的事情,我们应该正确看待。"小军妈妈点了点头,说:"是的,但我观察到有些孩子适应得很快,而小军似乎显得特别困难,这是不是意味着他的适应能力较差?"李老师回应道:"每个孩子产生分离焦虑的原因不尽相同,适应能力也有差异,持续的时间自然也会有所不同。一旦您了解了什么是分离焦虑,就会慢慢理解这种情况了。"

小军妈妈接着问:"原来如此,所以每个孩子的表现都不一样。那么,什么是分离焦虑?孩子产生入园分离焦虑的原因有哪些呢?"李老师认真地解释道:"入园分离焦虑是指孩子在离开熟悉的家庭环境进入幼儿园时,所产生的一种焦虑、不安、恐惧的情绪。这种情绪通常源于对陌生环境的不适应、对父母的依恋以及自身社交和自理能力的不足。具体表现可能包括过度紧张、害怕、哭闹、拒绝与父母分离等。孩子产生分离焦虑的原因有很多,一是安全感缺失。孩子对主要照顾者形成依赖,一旦与他们分开就会感到不安。二是环境的变化。突然进入一个陌生的环境,会让孩子感到不适应。三是认知发展局限。由于孩子认知能力有限,他们难以理解分离只是暂时的。四是依恋关系。孩子对照顾者有深厚的情感依恋,分离时会更加焦虑。五是生活规律改变。如作息、饮食等方面的调整,也可能引起孩子的焦虑。六是社交能力不足。孩子不善于与陌生人交往,在新环境中会感到紧张、焦虑和害怕。七是过往的不愉快经历。如果孩子曾经经历过不愉快的分离事件,这种情绪会进一步加剧。八是家长情绪的影响。父母自身的焦虑情绪往往会传递给孩子。实际上,入园分离焦虑是幼儿成长过程中一种常见的现象,需要父母和教师给予足够的理解和重视。通过耐心引导、建立安全感、帮助孩子适应新环境,可以有效缓解孩子的这种焦虑情绪,从而帮助孩子顺利适应幼儿园的生活。"

小军妈妈听后恍然大悟地说道:"我明白了,原来父母的情绪也会影响孩子。有时候看他一直哭,我就会对他说'不喜欢你了''不要你了'之类的话,没想到这些话也会加重他的焦虑情绪。"李老师说:"是的,切记不要使用恐吓式的语言,如'不听话就把你送去幼儿园''你在家里这么调皮,我叫老师来管你''再哭,妈妈就不要你了''不去幼儿园就把你送回老家'等。我们应该用积极的语言去引导、鼓励孩子，如'因为你长大了，可以去幼儿园学习本领了''幼儿园有很多小朋友，你可以跟好朋友一起玩滑梯''妈妈和爸爸要去上班，你也要去幼儿园，但爸爸妈妈会努力早一点去接你''我知道你想妈妈，妈妈也想你，我很理解你的感受，你不喜欢幼儿园，是因为你还不熟悉那里，等你熟悉了，你就会发现，幼儿园是一个特别有意思的地方''幼儿园的老师会教你画画，会像妈妈一样爱你，你会慢慢喜欢上幼儿园'等。让孩子逐渐感觉幼儿园其实没有那么可怕，即使去幼儿园，爸爸妈妈也一样爱我。入园分离焦虑一般表现为以下三个阶段。一是反抗阶段。孩子刚进入幼儿园，与亲人分离时，通常会表现为大哭大闹，可能伴随踢闹等激烈的身体动作，以此表达不满和抗拒。对于这个阶段的哭闹，父母只需将孩子交给老师，然后淡定转身离开，相信老师一定有办法帮助孩子。二是失望阶段。在此阶段，孩子依然会哭闹，但相较于反抗阶段，哭闹可能会断断续续，激烈的动作有所减少。他们可能会产生反应迟钝、对人不理不睬、不愿意与人交流和对视的表现。处于这个阶段时，父母在下午放学接到孩子时，可以通过亲亲、抱抱、举高高等方式表达关爱，让孩子知道，爸爸妈妈一直都在身边，这会给孩子满满的能量。三是超脱阶段。当孩子逐渐习惯分离，不再继续剧烈哭闹时，便进入了超脱阶段。他们会开始接受外人的照料，吃饭、玩耍以及睡觉等日常活动逐渐恢复正常。然而，在看到亲人时，他们可能会表现出悲伤或不愉快的情绪。这时，家长要抓住机会，回家给孩子看看老师发的照片，并告诉孩子，'老师表扬你吃饭很棒''小乐小朋友说他可喜欢你了，他想明天和你一起上幼儿园'。到了这个阶段，基本上孩子的适应过程就结束了。无论孩子处于以上哪个阶段，都是正常现象，孩子也需要慢慢适应幼儿园的生活。"

小军妈妈听后说道："原来是这样，看来我也要多用积极的语言去鼓励他。那除了用语言鼓励，我们还可以怎么做呢？能不能给我支点招呢？"

李老师说："是的，应对孩子的入园分离焦虑也是有妙招的。具体应对方法，可以从孩子入园前、入园时和入园后三个阶段分别来详细说明。

"一是入园前的准备阶段,父母可以从以下四方面着手:环境熟悉、心理准备、自理能力培养以及建立分离仪式。环境熟悉方面,父母可以提前带孩子参观幼儿园,让孩子了解幼儿园的布局、教室的环境、游乐设施等,增加孩子对幼儿园的熟悉感和亲切感。同时,可以通过讲述幼儿园里的有趣故事或展示幼儿园的照片等方式,激发孩子对幼儿园的好奇心和兴趣。心理准备方面,父母要与孩子建立良好的亲子关系,给予孩子足够的关爱和陪伴,增强孩子的安全感。日常相处中,要及时回应孩子的各种需求,让孩子感受到自己是被爱的、被重视的,从而在面对分离时更有安全感。此外,还可以通过与孩子聊天、讲绘本故事的方式,如《幼儿园的一天》《你好,幼儿园》《魔法亲亲》《我妈妈上班去了》《幼儿园我来啦》等,向孩子传达上幼儿园的好处,包括可以学到新知识、认识新朋友等。同时,可以增加上学的仪式感,带孩子挑选自己喜欢的书包、水彩笔等,让孩子对幼儿园生活充满期待。自理能力培养方面,在日常生活中,应逐渐培养孩子的自理能力。比如,让孩子自己穿衣、吃饭、整理玩具等,当孩子具备一定的自理能力后,他们在面对与亲人的短暂分离时,会更有自信和勇气。同时,应教会孩子如何表达自己的需求和感受,以便在幼儿园时能够更好地与老师沟通。建立分离仪式方面,在孩子入园前,父母可以与孩子约定一个简单的告别仪式,如挥手、拥抱等,让孩子知道即使分离,父母也会按时回来接他,这有助于减轻孩子的分离焦虑。

"二是入园时的过渡阶段,父母也可以从以下三方面入手:保持冷静和积极的态度、鼓励孩子参与活动以及逐步延长分离时间。保持冷静和积极的态度方面,父母送孩子入园时,要保持冷静和积极的态度,避免表现出过度的担忧或不舍,以免加剧孩子的焦虑情绪。鼓励孩子参与活动方面,家长可以鼓励孩子积极参与幼儿园的活动,如与老师和其他小朋友互动,这有助于孩子快速融入新环境,转移注意力,减轻分离焦虑。父母还可以用温和、亲切的语言和行为安抚孩子的情绪,如抱抱孩子、亲亲孩子,告诉孩子父母会按时来接他,让孩子感受到父母的关爱和支持。同时,也可以给孩子带一些他喜欢的玩具或物品,作为安抚和寄托。逐步延长分离时间方面，如果孩子的分离焦虑较为严重，父母可以与幼儿园协商，初期适当缩短孩子在园的时间，采取循序渐进的方式，逐步延长孩子在园的时间，帮助孩子逐渐适应幼儿园的生活节奏和规律。

"三是入园后的适应阶段，父母可以从以下四方面进行：给予正面鼓励、与老师建立信任关系、培养孩子对新环境的兴趣以及逐步培养孩子的独立性。给予正面鼓励方面，父母可以在孩子回家后，询问孩子在园的表现，并给予正面的鼓励和支持。如表扬孩子的进步、肯定孩子的勇敢等，这有助于增强孩子的自信心和归属感。同时，可以设立一些小目标或奖励机制，激励孩子更好地适应幼儿园生活。与老师建立信任关系方面，父母可以与幼儿园的老师保持密切联系，与老师建立良好的信任关系，向老师介绍孩子的性格、习惯和需求，以便老师更好地照顾孩子。及时了解孩子在幼儿园的表现和适应情况，共同帮助孩子缓解分离焦虑。此外，父母还可以向老师请教如何更好地帮助孩子适应幼儿园的生活，询问老师在园内的安抚方法，并在家中进行模拟，使孩子逐渐适应与父母的分离，与老师共同帮助孩子缓解分离焦虑。培养孩子对新环境的兴趣方面，父母可以与孩子一起回忆在幼儿园的愉快经历，如与老师和小朋友一起玩的游戏、学到的新知识等。这有助于激发孩子对幼儿园的兴趣和好奇心，减轻对分离的焦虑。逐步培养孩子的独立性方面，在孩子回家后，父母可以继续培养孩子的独立性，让孩子自己完成一些简单的任务，如收拾玩具、整理书包等。这有助于提升孩子的自我照顾能力，增强孩子的自信心和独立性。同时，父母要鼓励孩子与其他小朋友互动和玩耍，建立友谊关系，逐渐适应集体生活。此外，还可以邀请小朋友来家里玩，增加孩子与同龄人接触的机会。"

小军妈妈听完李老师的话说道："谢谢李老师，您说得非常详细，回去我就按照您说的去做。有时候我感觉自己比他还焦虑，一会儿担心他有没有哭闹，一会儿担心他有没有好好吃饭，一会儿又担心他有没有睡午觉。"

李老师微笑着回应道："其实，您也不必过度担心。我们要相信孩子，也要相信老师。其实，分离焦虑不仅孩子会有，大人也会有。父母也要调整好自己的心态，相信孩子能够逐渐适应并享受幼儿园生活。您可以从三方面着手。一是正确看待分离焦虑。正视孩子的成长和独立，认识到分离焦虑是成长过程中的正常现象，这是缓解焦虑的前提。二是调整心态。父母要保持积极乐观的心态，将焦虑转化为对孩子成长的期待和鼓励，以积极、正面的态度去面对生活。三是转移注意力。只有父母自己的状态好了，孩子才能感受到积极的氛围。同时，父母也要有足够的精力去引导孩子走出分离焦虑。有时候并非孩子的能力不足，而是我们的保护欲剥夺了他们展现能力的机会。因此，要与老师保持良好的沟通，父母和老师共同努力，才能更好地帮助孩子适应幼儿园生活。"

小军妈妈茅塞顿开地说道："李老师，听您这么说，我就放心了。今后，我会从自身做起，调整好心态，做孩子的榜样。"

李老师微笑着说："没错，凭借老师的专业指导和父母的坚持，孩子一定会慢慢爱上幼儿园。相信一段时间后，当我们再回首这段时光，或许会眼眶湿润，因为孩子正在向阳而生，破茧成蝶。"

总之，在从家到园的这段充满挑战与成长的旅程中，孩子们如同初绽的花朵，经历了风雨的洗礼，逐渐绽放出属于自己的光彩。入园分离焦虑，不过是他们成长路上的一朵小浪花，虽曾带来涟漪与波澜，却也见证了孩子们从依赖走向独立的勇敢与坚强。父母的爱与陪伴，如同温暖的阳光，照亮了孩子前行的道路；老师的关怀与引导，则如同细雨滋润，让孩子的内心更加丰盈与坚韧。让我们共同期待，孩子在未来的人生道路上，能够带着这份成长的力量，勇敢地探索未知的世界，绽放属于自己的璀璨光芒。

家务劳动

家务劳动是孩子成长的必修课

　　小雨是我们幼儿园中班的一名学生，她有着一双明亮的大眼睛和一头乌黑的长发，总是带着腼腆的笑容。作为家中独女，小雨倍受父母的宠爱和呵护。

　　在一个阳光明媚的劳动节，幼儿园组织了一场别开生面的活动，孩子们都兴奋地参与到各类家务劳动中，用实际行动庆祝这个属于劳动者的节日。他们有的拿起扫帚清扫操场，有的挽起袖子小心翼翼地擦拭着玩具……

　　然而，在这个充满劳动氛围的日子里，小雨的表现却显得格外不同。她独自坐在角落的椅子上，目光追随着忙碌的同伴们，内心充满了羡慕与些许失落。

　　注意到小雨的状态后，李老师走向她问道："今天是劳动节，你想不想帮大家做一些事情呢？"听到这句话，小雨的眼中闪过一丝期待，但随即又黯淡下来。她轻声回答道："我也很想帮忙，可我不知道应该做些什么。"

　　李老师听后，温柔地摸了摸小雨的头说："没关系，我们可以从最简单的事情开始学起。例如，你可以试着把自己的玩具整理好。"小雨点了点头，尽管心中仍存疑虑，但她还是鼓起勇气决定试一试。

然而，当小雨真正开始动手时，她才发现原来整理玩具也不是一件容易的事情。她手忙脚乱地试图将玩具归位，却不小心碰倒了玩具架，导致刚刚整理好的玩具再次散落一地，一时间，教室显得杂乱无章。小雨感到十分沮丧，觉得自己似乎什么也做不好。

这时，李老师再次走近小雨，温和地安慰道："小雨，不要着急，我们慢慢来。整理玩具其实是有技巧的，我们可以先把玩具分类，将同类型的玩具放在一个篮子里，让玩具宝宝都'各回各家'，这样既整洁又有条理，还能方便以后取用。"小雨点了点头，按照老师的指导开始重新对玩具进行分类。在李老师的帮助下，小雨渐渐掌握了方法，不仅顺利完成了任务，还为每类玩具贴上了相应的标识。

放学时分，小雨兴奋地告诉妈妈："妈妈，今天我在幼儿园帮忙整理了玩具，还给它们贴上了标识，连李老师都说我做得很好！"小雨妈妈惊讶地注视着女儿，随后转身向李老师求证："李老师，小雨说的是真的吗？我真的难以置信，她在家里连最基本的家务劳动都不会做啊。"李老师笑着回答道："是的，小雨今天表现得很棒，不但主动参与了劳动，而且完成得非常出色。"小雨妈妈听后说道："太不可思议了，在家里，她总是把玩具弄得满地都是，从不收拾。有一次她吃饭不小心掉了一些米粒在地上，我让她自己清理，结果弄得更糟，叫她帮忙拖地，也是弄得四处湿漉漉的，不做还好，越做越糟，后来索性就不让她做了。"

李老师听后说道："其实，家务劳动对孩子的成长具有不可替代的重要意义，它不仅能有效锻炼孩子的动手能力，还能培养他们的责任感、独立性以及对家庭的爱。"小雨妈妈回应道："李老师，但是小雨目前什么都不会，每次让她帮忙做家务，结果往往越做越糟，我要耗费更多时间去收拾残局，甚至觉得不如我自己来做更省心，或许等她长大些自然就会了。"

李老师回应道："独自生活的能力是必须培养的关键生活技能。孩子在参与家务劳动的过程中能学到的东西，远超我们的预期。即便他们在尝试做家务的过程中，存在不足或不完美之处，我们也绝不能因此忽视他们的努力。相反，我们应积极肯定孩子的付出，使他们感受到自己的努力和付出得到了认可、具有价值。这样的正面反馈会激励孩子更加主动地参与家务劳动，进而逐步形成良好的行为习惯。即便孩子年纪尚小，只要我们给予充分的机会并适时放手，一定能收获意想不到的惊喜。就像今天，您起初或许不相信小雨可以独自整理好玩具，但她不仅完成了任务，还做得相当出色。"

小雨妈妈思索片刻后说道："是的，这是我没想到的，刚才她跑过来告诉我时，那种发自内心的自豪感是我从未在她身上见过的。原来我们对她保护得太好了，不曾意识到家务劳动对她的成长同样具有积极作用。"李老师补充道："家务劳动带来的益处远不止于此。除了您提到的自豪感与自信心外，它还能培养孩子的责任感。古语云'习劳知感恩'，唯有亲自体验家务劳动，孩子才能深刻体会父母日常操持家务的艰辛，才会学会感恩，并主动承担家庭责任，将这份担当内化为一种精神力量。一个从小懂得为父母分忧的孩子，长大后也会成为对家庭负责的人。此外，家务劳动还有助于促进孩子的精细动作发展和认知能力提升。例如，通过叠衣服、整理玩具等活动，不仅锻炼了孩子的精细动作和手眼协调能力，还提升了孩子的身体平衡能力和大小肌肉群的功能，从而促进多种精细动作的发育。在整理玩具的过程中，孩子还会接触到分类这一数学概念；而在面对多项家务劳动时，还能锻炼统筹规划和时间管理的能力。这些能力与孩子的学习和成长息息相关。让孩子参与家务劳动，不仅有助于培养其基本的自理能力和独立生活技能，更能提高其解决实际问题的能力。"

小雨妈妈听后点头表示赞同："原来家务劳动对孩子有这么多的好处，我应该相信她，给予她实践的机会。再多一点耐心，任何事情都不可能一蹴而就。"

李老师接着说道："您的想法非常正确，只要我们循序渐进地加以引导，相信小雨的进步将会非常明显。"小雨妈妈追问："李老师，既然如此，作为家长，我们在家中应怎样做才能激发小雨对家务劳动的兴趣呢？"

李老师回答道："激发孩子对家务劳动的兴趣，我们可以从以下几个方面入手。

"（1）树立合作意识。家是所有成员共同生活的场所，家中的事务需要全体成员共同努力完成，而不是某一个人的责任和义务。因此，家长应首先营造一种全员协作的家庭氛围，让孩子明白自己也是家庭中的一员，理应分担部分家务。

"（2）提供合适的工具。父母需认识到，会做家务劳动是一项重要的生活技能，需要时间和耐心去教导孩子。为此，家长应为孩子准备一些适合他们使用的工具，如小扫帚、羽毛掸子、儿童餐具等，直至他们熟练掌握某项家务技能为止。

"（3）激发孩子的兴趣。兴趣是最好的老师，家长可以从孩子的兴趣爱好入手，一旦孩子对某项劳动产生兴趣，便会全力以赴投入其中。久而久之，他们会逐渐形成"劳动最幸福、最光荣"的情感体验。

"（4）及时表扬孩子。家长应及时肯定孩子的劳动成果，可与孩子协商制订合理的奖励机制。不过，在表扬时尽量避免采用物质奖励的方式，精神上的鼓励更为重要。这样能保护孩子的积极性，让他们感受到自身的价值和被尊重的感觉。

"（5）教给孩子正确的操作方法。例如，烹饪一道菜肴时，家长应在孩子初次尝试时全程参与，逐步引导其了解并掌握整道菜的制作流程。同时，家长还需教会孩子正确使用家用电器，确保其人身安全。"

小雨妈妈说道："谢谢李老师，经您细致讲解，我对相关问题有了更清晰的认识，那么具体而言，我们可以在家中采取哪些措施呢？"

李老师答道："针对家务劳动的具体实施方式，我们可以从以下几方面入手。

"（1）为孩子设定'个性化责任领地'。设想一下，当孩子被赋予"家庭小管家"这样的身份时，他们内心深处的自豪感和责任感便会随之萌发。这不仅仅局限于叠衣服、整理玩具这类基础劳动，而是让他们拥有属于自己的责任领地。每个孩子都渴望拥有自己的小天地，家长不妨为孩子安排一个专属的'责任区'，如协助摆放餐具、照料家中的植物或宠物。

"（2）让家务劳动具有'温馨的家庭仪式感'。劳动不应被视为单调乏味的任务，而应成为家庭生活中的一部分。例如，在周末，全家人一同参与家务劳动，事先由家长和孩子共同规划'家庭任务清单'，明确各自的职责分工，如爸爸负责擦拭玻璃窗，妈妈负责清扫地面，孩子则负责整理玩具等。此外，还可以开展小型竞赛，如'谁能在最短时间内完成任务'，以此增强亲子之间的互动乐趣。过程中，家长可适时给予孩子鼓励的目光或温暖的话语，如'你打扫得真干净，有你在真是太好了！'劳动结束后，全家人可以坐在一起，共享劳动成果，分享劳动体会。这种仪式感能够使劳动不再枯燥乏味，反而成为增进家庭成员间感情的美好时刻，进一步激发孩子参与家务劳动的热情。

"（3）用'奇幻冒险'点燃孩子的创意火花。孩子的世界充满想象力，我们可以通过生动形象的语言，将简单的劳动任务转变为有趣的挑战，借助这些富有创意的故事引导孩子主动投身于劳动之中。如在整理玩具时，可以说：'玩具宝宝们刚刚经历了一场大战，现在急需回到各自的家中休息，请大家赶紧帮助它们找到合适的地方睡觉吧！'孩子会被这样的情节深深吸引，将劳动视为'拯救玩具'的活动，从而对劳动产生浓厚的兴趣，并更加积极地投入行动当中。

"（4）及时鼓励与表扬，打造孩子'成就的舞台'。孩子完成某件事情后，内心通常渴望得到他人的关注与赞美。家长的一句赞赏、一个拥抱，都能让孩子倍感骄傲和满足。例如，当孩子成功打扫完房间后，家长可以这样说：'你真能干，把房间打扫得真干净。'此外，还可以邀请其他家庭成员一同前来参观，给予孩子更多的认可和支持。倘若孩子在劳动过程中遭遇困难，家长应在旁给予指导而非直接代劳。待孩子顺利完成任务后，家长可以这样说：'虽然一开始你觉得自己做不好，但你坚持了下来，并且表现得很出色。'这种积极的肯定不仅能让孩子感受到劳动带来的成就感，还会激发他们迎接未来挑战的动力。

"（5）亲子携手，成为'劳动中的最佳拍档'。孩子具有很强的模仿能力，父母便是他们学习的榜样。与其独自承担家庭重任，不如邀请孩子共同分担。让孩子体会到自己不仅能帮助他人，还能与父母建立亲密的关系。例如，家长可以提议：'今天我们一起制作美味的糕点，你负责搅拌，妈妈负责揉面团，爸爸负责蒸糕点。'这种方式既能教会孩子劳动技能，又能增进亲子关系，全家共同创造出令人满意的成果。

"（6）创造'劳动后的甜蜜时光'。劳动的意义不应仅限于任务的完成，还应包含精神层面的愉悦。在劳动结束后，家长可以带领孩子一起感受劳动带来的喜悦。例如，在清理完房间后，与孩子一起坐在沙发上，聊聊今天的劳动体验，探讨遇到的问题、解决的办法以及未来的计划。通过思考、提问、讨论和总结的过程，帮助孩子积累经验，深化孩子对劳动价值的理解。这样的温馨时刻能够让孩子感受到劳动带来的满足感，认识到劳动虽辛苦却也能带来快乐与幸福。"

小雨妈妈沉思片刻后说道："李老师，我明白了，其实孩子们天生就热爱劳动，只是需要成人的陪伴和引导。看似简单的家务劳动，实际上能够培养孩子的独立性、自信心以及坚强品质，这些都是能伴随他们一生的宝贵财富。那么，像小雨这个年龄段的孩子，适合参与哪些家务劳动呢？"

李老师回答道："不同年龄段的孩子由于生理与心理发展的差异，所能承担的家务劳动类型也有所不同。例如，3～4岁的孩子，可以鼓励他们做到自己的事情自己做，如自己穿脱衣服、鞋袜，将用完的牙刷、毛巾和脸盆归位，睡前铺好自己的小床，将脏衣服放入脏衣篮中，帮忙将洗干净的衣服叠好并放进衣柜，能自己晾晒袜子、内裤等简单衣物，把自己的书籍和玩具放回原处等。

"4～5岁的孩子，在此基础上可以进一步增加为他人服务的劳动内容，如从帮忙取餐具开始，逐步参与摆放餐具、擦桌子、扫地、布置房间、自己准备第二天要穿的衣服，帮忙择菜并清洗干净、尝试揉面和擀面等。

"5～6岁的孩子可以尝试为群体服务，如与家庭成员协商劳动分工，与同伴合作整理玩具，照顾自然角中的动植物，独立整理自己的房间，自行收拾书包和准备第二天要穿的鞋，帮忙更换脏床单并铺好干净的床单，能独立洗头、洗澡、刷牙并擦拭干净、涂抹润肤乳，在洗澡时清洗内裤和袜子并晾晒好，能独立完成扫地和拖地工作，在大人的指导下淘米煮饭、尝试简单的烹饪等。"

小雨妈妈说道："经过李老师的讲解，我对如何指导孩子参与家务劳动有了更清晰的认识。原来每个年龄段的孩子都有其独特的成长特点，我们需要根据孩子的实际情况选择合适的家务劳动，让他们'够一够'便能完成任务。作为孩子的第一任老师，我们家长应该引导孩子亲身体验家务劳动，当孩子向前迈出一步时，我们则适当退一步，或许这就是成长的真谛所在。"

李老师回应道："您的理解非常准确。就像小雨，起初她对做家务劳动感到无所适从，但在本次劳动节活动中，她已经迈出了重要的一步。她逐渐意识到，劳动并非遥不可及的事情，只要愿意学习和尝试，每个人都能成为老师和父母得力的小帮手。在这条成长道路上，孩子们将学会独立、懂得付出、珍惜劳动成果，最终收获一段充实而有意义的人生旅程。"

小雨妈妈感慨道："您的见解我非常赞同。谢谢李老师的悉心指导，今天的交流让我受益匪浅，我决定立即付诸行动。"

李老师微笑着回应："很高兴能与您共同探讨教育之道，让我们一起携手努力，用爱与智慧共同培育出热爱劳动、勇于担当的新一代。"

总而言之，劳动是人进步的阶梯，更是幸福生活的源泉。劳动本身就是一种教育形式，一种贴近生活本质、赋予孩子幸福生活能力的重要教育方式。从小培养孩子热爱劳动的良好习惯，无疑是为他们的人生铺设一条坚实的道路。

公益在于心　美德践于行

在阳光明媚的清晨，幼儿园门口新绘制的石墩色彩斑斓，引得过往行人驻足观赏。石墩旁还竖立着一块告示牌，上面写着："油漆未干，小手请勿触摸。"这些石墩不仅装点了幼儿园的环境，更承载着孩子们快乐童年的美好回忆。然而，在这宁静祥和的早晨，一阵不和谐的声音从远处传来。"哎呀，你为什么要摸这些石墩呢？"小熙妈妈责备道："你看，这些漂亮的图案都被你弄花啦！这是老师辛辛苦苦绘制上去的，你怎么可以随便用手去摸呢？弄花了就不好看了，现在你的手和衣服也都弄脏了，等会儿会弄得到处都是油漆！"小熙妈妈语气中透着几分愤怒。被突如其来的呵斥惊呆了的小熙先是愣了一下，随后在周围小朋友注视的目光中，委屈地一边哭一边朝妈妈的方向走去。小熙妈妈见状急忙安抚道："你做错事还好意思哭鼻子，你的手别碰到我的衣服了，我待会儿还得去市场买菜呢，快找个地方把手洗干净。"听到这里，林老师走上前对小熙说："小熙，幼儿园门口的石墩彩绘是公共物品，也是我们的作品，你弄花了它，老师确实会感到难过。不过，老师也很想听听你的想法，咱们先进去处理一下手上的油漆吧。"说完，三人便一同朝教室走去。

来到洗手间，小熙妈妈一边帮孩子清洗沾染油漆的手和衣服，一边训斥道："我跟你说过多少次了，玩的时候要小心，不要损坏东西，更不能把身上弄得脏兮兮的，你怎么就是不听呢？一点都不懂得爱护物品，以后小朋友也不愿意和你一起玩啦。""我不知道它会变成这样啊！"小熙嘟嚷着嘴低声回应。"你没看到旁边有块告示牌吗？其他小朋友路过都没有碰那些石墩，就你管不住自己的手。在家是这样，在幼儿园也是这样，每次都要我替你收拾残局。"小熙妈妈说完，转身从书包里拿出一套干净的衣服准备给小熙换上。"今天书包里只备了一套替换的衣服，如果待会儿你再弄脏，今天就没有干净衣服穿了。"小熙刚才还倔强昂起的小脑袋瞬间耷拉了下来。

林老师走到小熙身边，轻声问道："小熙，你为什么会想要去碰石墩上的彩绘呢？"小熙回答说："因为那些彩绘看起来特别漂亮，所以我忍不住想摸一摸，想知道它们是怎样画出来的。""所以小熙也想亲手绘制出像石墩上那样美丽的画作，对吗？"林老师反问道。小熙点点头，但仍然闷闷不乐。"看来你还有些不开心，能告诉我是为什么吗？"林老师继续耐心地探询。小熙低声说道："小朋友们都不喜欢我。""为什么你会觉得小朋友们不喜欢你呢？"林老师追问道。"小朋友们都在看着我。"林老师思索片刻后问道："你是说，刚才因为你在上学的时候触碰了石墩上的彩绘，所以小朋友们盯着你看，是吗？"小熙点点头，没有说话。"老师明白，你是因为看到石墩上的彩绘非常漂亮，才忍不住想去触碰的。老师给你一张画纸，你可以试着临摹石墩上的彩绘。"林老师提议道。小熙紧皱的眉头终于舒展开来，眼神变得柔和起来，点头答应了这个提议。"那你先到美工区挑选一些你喜欢的画笔，完成后我和小朋友们再一起欣赏你的作品好吗？"小熙脸上的阴霾一扫而空，开心地接过画纸，跑到一旁开始绘画。

看到这一幕，小熙妈妈忍不住打趣道："小情绪倒是不少，还知道要面子了。"林老师转头微笑着对小熙妈妈说："要不，我们再聊聊？不知您时间是否方便？"小熙妈妈看了看手表上的时间，发现时间尚早，于是和林老师坐下继续交谈起来。

林老师说道:"幼儿园阶段的孩子正处于自我意识发展的关键时期,所以他们会通过对自身行为以及他人的反馈等多方面信息综合评估自我价值。每个孩子都希望在他人面前获得正面的评价,也就是你刚才说的'爱面子'。"

小熙妈妈回应道:"那我早上批评他的时候,岂不是让他很难堪?"林老师解释道:"是的,您的批评会让孩子觉得很羞愧,但更重要的是小熙的行为,破坏公共物品是一种不文明的行为。"

小熙妈妈坦言:"他确实存在这些小毛病,平时喝完饮料后随意将空瓶丢在地上,然后用脚踢着走;路边的小花小草也常常遭受他的'旋风无影腿'。不过每次我瞪他一眼,他就会立刻停止,我也经常教导他,但从未见过他像今天这样哭闹。"

林老师点头道:"是的,这些行为看似微不足道,但由于缺乏强有力的约束机制,往往容易被人忽视其长期累积的危害性。对此类行为的规范更多依赖于个人道德修养和社会责任感。人们应自觉规范自身行为,维护公共环境和秩序。比如,一个人吃完香蕉,随手将香蕉皮丢在地上,我们不会想到用法律去约束这个人,更多的是对其进行道德上的谴责,说这个人没有公德心。而小熙正是在这样注视的目光下有了不好的感受,所以才哭了起来。"

小熙妈妈若有所思地点点头,对小熙先前的表现有了更深的理解。

林老师接着说道:"小熙表现出委屈的情绪,表明他的内心正在朝着积极健康的方向发展,渴望塑造一个正面形象。或许我们可以借此机会培养小熙的公益精神,让他能够正视自己的行为,逐步建立正确的自我认知。"

小熙妈妈疑惑道:"公益精神?小孩子能理解吗?我也经常提醒他,可他往往是左耳朵进右耳朵出,似乎还是老师的话更有说服力。"

林老师耐心解答:"很多孩子第一次出现不文明行为时,往往并不清楚自己的行为是否恰当,更多是通过父母的态度来判断。即便成年人有时也不能及时察觉孩子不文明行为背后的潜在问题,我们应及时引导孩子纠正不良习惯，这样才不会变成他人眼中的'熊孩子'。公益精神的培养不仅能增强孩子的责任感，还能促使他们在社会这个大环境中自觉控制和约束自身行为，树立公益意识。这样一来，诸如保持环境卫生、爱惜公共物品等良好的行为好习惯也会逐渐养成。此外，公益精神的培养还有助于提升孩子的社交能力。一个富有同情心、懂得维护社会环境的孩子更容易赢得他人的喜爱和支持。当孩子学会维护环境、爱惜身边的事物时，他的感受一定是美好的，与他人的交往也是和谐的，这对孩子的个人成长和人际交往都是非常有利的。"

小熙妈妈："老师说得很有道理，确实很多时候我们自己都没有意识到，未能给予孩子良好的引导与表率，导致他在家里也养成了乱扔垃圾的习惯。像这种情况，我们应该如何应对呢？"

林老师："正如您所说的，以身作则的表率作用至关重要。在日常生活中，我们需要有意识地培养孩子的公益意识，要有意识地维护环境的有序和整洁。例如，之前提到小熙喜欢将瓶子丢在地上后一路踢着走。我们可以针对这一情况向小熙提出问题：'小熙，你知道瓶子属于垃圾分类中的哪一类垃圾吗？是可回收垃圾还是不可回收垃圾呢？'通过提问和游戏的方式，能够极大地激发孩子的兴趣。在引导小熙将瓶子放入正确垃圾桶的过程中，还可以向他普及基本的垃圾分类环保知识。"

小熙妈妈："是啊，我怎么没想到这种方法呢？这样做不仅能够规范孩子的行为，还能让他学到额外的知识，这个方法真是太棒了。"

林老师说道："没错，这样的方式更容易被孩子接受。我们只需关注行为习惯的养成，及时纠正偏差即可。另外，我们还可以关注各地团委、妇联、双百社工站等微信公众号，或者联合志愿者服务组织参与相关的社区活动，如'关爱特殊儿童及家庭''亲子农耕体验活动''爱心衣物捐赠'……家长应鼓励孩子积极参与这些活动，陪伴他们一起进行志愿服务和献爱心活动，让孩子意识到原来自己可以通过这些方式帮助他人，在贡献自己力量的同时也能收获满满的幸福感。"

小熙妈妈："是的，我之前也考虑过带他参加一些公益活动，但苦于找不到合适的途径。现在知道了这些渠道，希望他参加这些活动后能变得更加懂事。"

林老师："其实小熙的思维很敏捷，只是有时做出的行为并未考虑到可能产生的后果，也没有充分意识到自身的责任。就像这次发生的'石墩事件'一样，家长可以借此机会与孩子深入交流。引导他回顾对整个事件的感受，体会这种心理变化，尝试自己分析其中的行为表现及利弊。同时，也可以让孩子观察生活中哪些行为属于公益行为，哪些属于不文明行为。如果无意中造成了不文明的情况，后续应该如何弥补。这些方面都可以与孩子进行深入探讨，使他对自身行为有更深刻的认识，从而找到改进和进步的方向。只要我们用心引导，孩子必定会有所成长。"

小熙妈妈："谢谢老师分享了这么多，使我重新审视并深入思考孩子的成长问题，晚上我就回去跟孩子谈谈心，听听他的想法。"

第二天一早，小熙和妈妈提着一小桶油漆来到幼儿园门口。在妈妈的帮助下，小熙独自完成了石墩上缺失部分的修补工作。林老师仔细一看，发现他补上的图案与他绘画作品中石墩上的画一模一样，此时此刻，他们也望着林老师，开心地笑了起来。

"赠人玫瑰，手留余香"，这句话不仅是对公益事业的赞美，更是对奉献精神的高度凝练。在公益的道路上，我们每个人都能成为那朵盛开的玫瑰，将爱与温暖传递给需要帮助的人。而当我们用双手捧起这朵玫瑰时，也会发现自己的内心充满了芬芳与喜悦。

走进大自然
——赋予孩子生命的宝藏

生命教育是培养孩子尊重生命、珍爱生命、正确认识生命意义的教育，也是对孩子世界观、人生观、价值观的启蒙。在幼儿阶段开展生命教育，并指导家长对孩子进行生命教育具有重要的现实意义。

首先，生命教育有助于孩子认识到生命的珍贵和唯一性，学会珍惜和尊重自己及他人的生命。

其次，生命教育能让孩子学会感恩，让他们懂得珍惜身边的亲人、朋友以及自己所拥有的一切。同时，通过了解生命的起源、发展和消亡，孩子能更好地理解生命的意义和价值，从而以更加积极的态度面对生活中的挑战和困难。

最后，生命教育还能帮助孩子树立正确的生命观和价值观，学会尊重生命、关爱生命，以及如何在社会中实现自身的价值。这些品质对孩子的未来发展至关重要。

因此，生命教育要从娃娃抓起。作为家长，我们应注重对孩子进行生命教育，帮助他们树立正确的生命观念，培养健康的人格品质，为他们的未来奠定坚实的基础。

这一天，小强妈妈来到办公室，面露难色地对林老师说："林老师，最近我十分焦虑，也非常担心。我发现孩子近期的一些行为让我感到不安，他似乎对生命表现出了一些粗暴的态度。"

林老师："小强妈妈，别着急，您慢慢说。"

小强妈妈："他有时候对待小动物并不友善，有时他会突然吓唬家里的宠物猫，或对花园里的昆虫不够尊重，甚至试图伤害它们。这些行为让我十分担忧，我觉得他对生命的认识可能存在一定问题。不仅如此，在与姐姐相处时，他也时常表现得比较冲动和粗鲁。例如，两人常因琐事争执，一旦得不到满意的结果，他就会下意识地报复姐姐，推搡她或故意损坏她的物品。林老师，我发现了这些问题，也深知孩子的行为是不对的，但苦于没有找到有效的解决办法。思索许久后，我还是决定向您寻求帮助，希望能得到您的指导。"

林老师："小强妈妈，听完您的讲述后，我能感受到您对家庭教育的高度重视，对孩子成长的关注细致入微。我们非常需要像您这样的家长，能主动分享教育过程中的经验和困惑，通过家园合作与老师共同探讨，解决家庭教育中遇到的问题，从而有效提高教育质量。您别急，孩子的教育是一个循序渐进的过程，每个孩子在不同阶段都会有不同的表现。近来，我也收到了几位家长的求助，他们反映的问题与您所述的大致相同。他们提到，孩子有时在路上看到一群蚂蚁或一只受伤的壁虎，会出于好奇而用脚踩踏它们；在幼儿园里，也有孩子在自然角玩弄小动物，甚至用工具'玩耍'般地敲打它们，把伤害小动物当作乐趣。当小动物受伤或死亡时，他们却毫无愧疚之心……所以，基于收集到的信息，我们近期策划了自然角的主题探究活动。自然角是幼儿观察、探究自然的区域，我计划在孩子观察与探究的过程中，适时引导他们敬畏生命，调动他们的内在情感因素，有效激发他们对动植物的热爱之情，引导他们体验生命成长的乐趣，促进他们在发展科学素养的同时，对生命产生敬畏之情。在主题活动探究开始之前，我准备在本周六组织一次亲子走进大自然的活动，届时请您抽空陪伴孩子一同参加吧。"

小强妈妈："林老师，太好了！这样的活动太有意义了，我一定参加，非常期待这次活动。相信在您的专业指导下，孩子们定能健康成长。我们也能够从中学习到更多的育儿知识和方法，谢谢您耐心倾听我的分享，同时也期待能得到您的帮助和指导。"

周六，亲子走进大自然的活动如期举行。孩子和父母手牵着手漫步于林间小道，感受着大自然的清新与宁静，仿佛置身于一个五彩斑斓的梦境。不时传来孩子们与父母的欢笑声、树林里小鸟的鸣唱声，林间小溪潺潺的流水声交织成曲，宛如清脆的银铃，在微风中回荡。这一刻，我们仿佛回到了童年，与孩子们一同享受着这份纯真的快乐。

阳光透过参天大树的缝隙，洒下斑驳的光影，孩子们在这光影交错间探寻着生命的奥秘。他们好奇地拾起地上的落叶，仔细观察它的形状、纹路和颜色，三三两两展开讨论，好似在阅读一本关于生命的教科书。教师们和家长们则在一旁耐心解答孩子们的疑问，讲述这片落叶曾经如何生机盎然，如今又如何回归大地的怀抱。

在溪流边，父母陪伴着孩子们兴奋地追逐水中游弋的小鱼，感受生命的灵动与活力。教师引导孩子们观察溪流中的水生植物和小动物，让他们了解生命的多样性和生态平衡的重要性，告诉他们每一个生命都具有独特的价值，我们应该尊重并保护它们。

在树林中，父母和孩子们亲手种下一棵棵小树苗，感受生命的成长与变化。他们小心翼翼地为其浇水、培土，期待着这些小树苗能够茁壮成长。老师教导孩子们，生命需要悉心呵护和关爱，就如同这些小树苗一般，只有经过精心照料才能茁壮成长。

"大家快来，快来呀！这里有发现！"小凝的声音引起了大家的注意，孩子们陆续围到她身边。原来，小凝在给小树苗填土时，发现了一只躺在石头边无法动弹的青蛙。小航看到后说道："它是不是被冻死了？真可怜！"小宇看了看，回答道："没有死，它应该是在冬眠吧。"小优随即提出了疑问："为什么它不躲在洞里冬眠，却在石头边上呢？"小宇转身对小优说：

"要不，我们帮它挖个洞，让它安心冬眠吧。"孩子们都异口同声地表示赞成。我特别留意了小强的反应，他一直认真倾听大家的讨论，若有所思地没有发言。家长们站在外围，满怀期待地注视着孩子们的一举一动。不一会儿，小宇改变了主意："等等，这只青蛙看起来很脏，我们先给它洗个澡，让它干干净净地去睡觉，这样它就能做一个美美的梦了。"小凝问道："我们去哪里找水呢？"这时，小强举起手中的矿泉水，腼腆地说道："用我的水吧。"小浩和小航也递上了自己的水，"还有我的。"小浩率先钻进人群，来到青蛙旁，对小宇说："小宇，先把青蛙宝宝放好，我们一起给它洗个澡吧。"小浩、小强和小航一起拧开了瓶盖，准备给青蛙洗澡，小强开口说道："我们要轻一点，别把它吵醒了。"小强妈妈听到这句话，露出了难以置信的惊喜表情，向我投来充满喜悦的目光。只见小强一边说话一边小心翼翼地给青蛙浇水，小浩和小航也学着小强的动作，轻轻地给青蛙浇水。这时，小航提议道："要是有爽身粉就好了，给青蛙宝宝扑点，让它身上香香的，多舒服啊。"小凝回应道："我有花露水喷雾，喷一点，香香的，还能防蚊虫叮咬。"说完便从包里掏出花露水。小宁连忙阻止道："不行不行，不知道青蛙能不能喷花露水，还是别喷了吧。"小宁边说边找来一片大叶子，对着大家说："快给它盖上'被子'，不然会着凉的。"随后，大家纷纷用树叶将青蛙包裹起来，再在石头旁选定一个大家都觉得安全的位置开始挖洞。大家忙得热火朝天。小阳建议："洞要挖得深一点才安全，不容易被人踩到。"小月却反驳道："不能挖得太深，否则明年春天青蛙宝宝爬不出来怎么办？"最终，大家挖了一个不深不浅的洞，将裹着树叶"被子"的青蛙放入其中。盖土时，小宁说："青蛙宝宝，明年春天一定要记得醒来哦。"小强补充道："别害怕，我们会来看你的。"说完，他灵机一动，拿起一根树枝插在洞口上方做了个标记，孩子们纷纷和青蛙"约定"来年春天回到这里寻找它。

这时，围在外面的家长们开始议论纷纷。小凝的爸爸感慨道："林老师，今天的活动真是太棒了！孩子们的表现让我们大开眼界，给我们上了一堂生动的自然教育课。我深刻体会到，大自然本身就是最好的教材。孩子们在玩耍中探索，在交流中解决问题，完成了一场充满爱心的'保卫行动'，特别有意义。今后，我一定要多带孩子亲近自然。"

小强妈妈悄悄走到我身边，激动地说道："林老师，这是我第一次看到我家小强展现出如此细心和有爱心的一面，真的非常感谢您。"

林老师："各位家长朋友们，这便是我组织此次亲子活动的初衷。我希望孩子们能够走进大自然，亲近大自然，在游戏与实践中发现、观察和学习。通过这次活动，孩子们换位思考，对冬天受冻的青蛙感同身受，进而产生怜悯之心，主动承担起照顾青蛙的责任，小心翼翼地为青蛙洗澡、盖被子，并将它送入冬眠的洞穴之中……从这一系列幼儿亲近大自然、呵护生命的感性行为及温暖的交流语言中可以看出，孩子们不仅能感知到青蛙生命体的真实存在，还能领悟到动物生命的珍贵，甚至主动将其视为亲人悉心照顾。然而，有时孩子面对小动物时，可能仅将其视为可以随意处置的、没有生命的玩具，从而导致伤害现象的发生。因此，在引导孩子从自然中获取科学经验的同时，我们也要注重培养他们对生命的敬畏之情，善待动植物。这样，孩子在亲历有趣且富有意义的科学探究过程时，不仅能从自然中获取关于生命的知识，更能感知生命的脆弱，体会生命的意义，从而萌发对生命的敬畏与爱护之情。"

小强妈妈："林老师，除了经常带孩子走进大自然之外，我们还能用哪些方式引导孩子建立正确的生命认知呢？"

林老师："小强妈妈，您提出的这个问题非常好。引导孩子进行生命教育的方式多种多样。一方面，我们可以带孩子亲近大自然；另一方面，也可以在家种植花草，让孩子亲自参与浇水、施肥等过程，观察植物的生长变化，感受生命的成长与转变。此外，还可以带孩子参观动物园或自然保护区，观察动物的生活习性，了解它们与自然环境之间的关系。同时，选择一些适合儿童阅读的绘本故事或观看相关视频，向孩子介绍生命的起源和演化过程，让他们领略生命的神奇与珍贵。更重要的是，引导孩子思考生命的价值，使他们认识到每一个生命都是独一无二的，都值得被尊重和珍视。通过这种方式，孩子可以从生命教育中汲取力量，学会感恩生命。"

小强妈妈："林老师，太感谢您了！现在我对如何引导孩子有了更清晰的方向。"

林老师："小强妈妈，不客气。除了上述方法外，我们还需要定期与孩子进行深入的沟通交流，了解他们对生命的看法和感受，帮助他们树立正确的生命观念。鼓励孩子分享自己在生命教育过程中的感悟和收获，以此培养他们的表达能力和反思能力。通过这些具体措施，孩子能够更深入地参与生命教育，理解生命的珍贵和美好，学会珍惜和感恩生命。未来，我们还计划在幼儿园的自然角继续开展生命教育的探究活动，并与大家分享孩子们的研究成果，诚邀各位家长关注并积极参与我们的探究活动。"

家长们纷纷竖起大拇指，表示在此次活动中学到了生命教育的重要性，并掌握了开展生命教育的有效方法，决心为孩子树立正确的生命观做出努力。

在大自然的怀抱中，孩子们学会了观察、倾听和珍惜。他们明白了生命的珍贵，也懂得了尊重与爱护自然。而家长们则通过此次亲子活动，更加深入地了解了孩子们的内心世界。见证了孩子们在大自然中的喜悦与好奇、智慧与惊喜，收获了孩子们又一次可贵的成长。这份深厚而温暖的情感，恰似大树的根脉，深深植入彼此心中。

第四篇

文化修养

尊重个性　培养兴趣

清晨的第一缕阳光悄然探入幼儿园，为这一天揭开了崭新的序幕。今天，吴老师早早站在幼儿园门口值日，迎接每一位背着小书包、满脸稚气的孩子入园。他们一声声清脆的"老师早上好"，温暖了整个校园。

幼儿园的运动场上正开展着丰富多彩、形式多样的晨间体能活动。这些活动如同磁石一般，吸引着孩子们主动参与，他们或跑步，或跳跃，或钻爬，或拍球，还有些孩子借助体育器械自主活动。伴随着欢快活泼、富有韵律感的音乐，孩子们在阳光下尽情挥洒汗水，展现出他们积极向上的精神风貌。这无疑是孩子们一天中最美好的开端。

这时，小欣妈妈牵着小欣的手走到门口，准备让小欣独自入园。然而，小欣却扭扭捏捏，紧紧挨着妈妈，不愿踏入校园。吴老师连忙上前，用温柔的语气说道："小欣，我带你一起进去玩吧。"小欣回头望了望妈妈，便跟随吴老师走向中二班的运动区域。班主任老师给了小欣一个大大的拥抱，小欣顿时变得开心起来，放下书包，欢快地投入到游戏中。吴老师这才安心返回门口继续值守。

欢声笑语交织在一起，孩子们在玩中学、在学中玩，时光飞逝，转眼又到了放学时间。五月的天气如同孩子的脸庞，说变就变，忽然间下起了倾盆大雨。吴老师担心孩子们离园的安全,连忙赶往幼儿园门口值守。保安叔叔刚打开园门,小欣妈妈便急匆匆地第一个冲了进来。没过多久,她已抱起小欣,用脖子夹住伞,匆匆走了出来。吴老师关切地说道:"小欣妈妈,下这么大的雨,您可以等雨小一些再过来接小欣呀。"小欣妈妈边走边回答:"老师,我要带小欣去上课,时间来不及了!"

回想起来,小欣在两岁三个月时便入读我们幼儿园,很快就适应了幼儿园的生活。她每天早上都很早到园,性格活泼可爱,勇于表达自我。下午还常要求妈妈晚点来接她,说自己喜欢在幼儿园玩。可是为什么上了中班后,上学就开始闹情绪了呢?

带着这个疑问,吴老师询问了中二班的班主任老师。班主任老师告诉她,小欣上中班后,早上入园时常闹情绪,不愿意来上学,有时甚至要等到九点以后才慢慢悠悠地来到幼儿园。昨天还因为闹情绪不肯来幼儿园,请假一天。打电话联系小欣妈妈,妈妈解释说前天晚上兴趣班组织了一场比赛,结束后回家较晚,小欣早上起不来,就闹起了脾气。

于是,第二天早上,吴老师特意等候小欣妈妈送孩子入园。等小欣进入班级后,吴老师说道:"小欣妈妈,您有空到办公室聊一聊吗?"小欣妈妈回应道:"老师,可以的。我是全职妈妈,每天就是忙着接送三个孩子上学、上兴趣班。爸爸有空时偶尔也会接送哥哥和姐姐。小欣年纪小,也比较依赖我,所以基本都是我负责接送。老师,出什么事了吗?还是小欣在幼儿园出了什么问题?"

吴老师温和地说:"小欣妈妈,您别着急。是这样的,昨天小欣上学时有些闹情绪,我想了解一下具体情况。"小欣妈妈答道:"哦,没什么大事。她放学后想跟楼下的小姐姐一起玩,我送她去兴趣班时,她有点闹脾气。"吴老师接着问道:"小欣妈妈,您都给小欣报了哪些兴趣班呢?"小欣妈妈回答:"我周一至周四晚上给她报了舞蹈课,周五晚上报了平衡车课,周六下午报了科学课。"

吴老师关切地说:"小欣妈妈,您非常重视孩子的全面发展,给她报了那么多课程。但如果小欣并不喜欢这些课程,或者课程负担过重,没有足够的时间玩耍，就可能导致她抗拒上课。您看，最近小欣上学时总是闹情绪，不愿意来园，我想这可能与上兴趣班有关吧。"小欣妈妈恍然大悟："老师，经您提醒，我才意识到这个问题的严重性。那我该如何发现孩子的兴趣爱好呢？"

吴老师微笑着说："小欣妈妈，每个孩子都是独特的个体。在孩子的成长过程中，家长的观察和引导至关重要。我们要帮助孩子建立自信心，发掘并培养他们的兴趣爱好。首先，要善于观察和倾听。留意孩子的兴趣和发展倾向，倾听他们的意愿和喜好。了解孩子的个性特征和潜在兴趣，有助于为他们挑选合适的活动和发展领域。"

小欣妈妈点点头："当初我给小欣报兴趣班时，只是认为女孩子学跳舞很合适，便没有过多征求她的意见。现在发现她其实不喜欢这些课程，那我还能怎样引导她选择自己真正感兴趣的项目呢？"

吴老师耐心地解释道："小欣妈妈，我们应该为孩子提供多样化的选择。让他们有机会接触各种不同的活动和领域。可以鼓励他们参加艺术、体育、音乐、科学等各类兴趣班或俱乐部，从而拓宽兴趣范围。让孩子先去体验，再根据他们的兴趣做出决定。"

小欣妈妈若有所思地说："明白了，我应当先让孩子去尝试，而不是盲目选择别人推荐的课程。应该通过让孩子接触不同类型的活动，尝试新鲜事物，最终找到自己真正热爱的发展方向。"

吴老师补充道："没错，小欣妈妈。尊重孩子的兴趣选择非常重要。不要强迫他们参与自己不感兴趣的活动。要赋予孩子自主权，让他们能够根据自身兴趣和意愿做出选择。"

小欣妈妈继续问道："老师，我具体该怎样引导她说出自己的兴趣爱好呢？"吴老师微笑着回答："多与小欣交流，了解她的兴趣和想法。问她喜欢做什么，对什么感兴趣，以及为什么。这样可以更好地了解她的兴趣所在，并帮助她发展自己的潜力。"

小欣妈妈豁然开朗："听您这么说，我想起来了，刚开始给小欣报舞蹈班时，她并没有强烈反对。但她后来又提出想学画画。当时我认为幼儿园已有美工区活动，就没有同意。现在看来，我当时的做法确实忽视了她的意愿。"

吴老师的一番话，恰似春风化雨，滋润了小欣妈妈的心田。她猛然醒悟，原来培养孩子的兴趣爱好并非一蹴而就，而是需要细心观察、耐心引导，以及持续地给予关爱与支持。

"老师，您说得太对了。"小欣妈妈感激地说道，"我之前总是按照自己的期望来安排小欣的学习，却从未真正考虑过她的兴趣和感受。难怪她上学时会闹情绪，原来是我没有给她足够的空间去发展自己的兴趣。"

吴老师微笑着点了点头，继续说道："是的，每个孩子都是独一无二的，他们有着各自的喜好和特长。作为家长，我们应该学会倾听孩子的声音，尊重他们的选择，并给予充分的支持和鼓励。只有这样，孩子们才能在快乐中成长，在探索中发现自身的潜力和价值。"

小欣妈妈若有所思地点了点头，她决心从现在开始改变教育方式，更加关注小欣的兴趣和感受。她计划为小欣提供更多学习资源，如书籍、工具、材料等，让她有充足的机会去探索自己的兴趣和爱好。同时，她也会鼓励小欣参加各类课外活动，如艺术课程、运动俱乐部等，以此激发她的好奇心和创造力。

"老师，我还想请教您一个问题，"小欣妈妈有些犹豫地问道，"如果我发现小欣在某些方面遇到困难或缺乏适当的指导，应该怎么办呢？"

吴老师耐心地解释道："如果发现孩子在某些方面遇到困难或缺乏适当的指导，我们可以提供必要的帮助和指导。例如，可以为孩子寻找专业的辅导教师或让孩子参加相关培训课程。不过，我们同样要尊重孩子的意愿和选择，避免强迫他们做自己不喜欢的事情。在这个过程中，我们要保持耐心和信心，相信孩子一定能够克服困难，不断进步。"

小欣妈妈听完吴老师的话，心中满是感激。她决定按照老师的建议去做，为小欣创造一个良好的学习环境，让她在快乐中成长，在探索中发现自己的兴趣和爱好。

总而言之，培养孩子的兴趣爱好是一项长期的任务，需要家长们付出耐心和关爱。通过了解孩子的兴趣倾向、创造尝试的机会、培养孩子的自主性、营造积极的体验以及坚持学习与拓展，我们能够更好地帮助孩子发现和发展自己的兴趣爱好。在这个过程中，我们也能建立与孩子的良好关系，为他们的成长和发展提供支持和帮助。愿每一个孩子都能拥有美好的童年时光，享受学习和探索的乐趣。

有一种修养叫衣着得体

在生活中，我们总能听到这样的言论："虽然我外表邋遢，但我的灵魂有趣；虽然我不修边幅，但我腹有诗书。"然而，如果一个人连自己的仪容仪表都无法管理妥当，即便才华横溢，又凭什么让人相信他能处理好其他事情呢？一个人的修养、对生活的态度，往往能体现在外在的形象之上。

小米是邻居家的孩子，今年三岁，十分可爱。李老师每次见到她，她总是穿着漂亮的裙子，带着甜美的笑容，很讨人喜欢。有一次，小米妈妈约李老师到她家做客。刚进屋，就听见小米妈妈在催促小米："怎么这么慢？穿什么不都一样吗？今天天气这么冷，穿裙子容易着凉，这件也很漂亮啊，快换好衣服，奶奶带你出去，再晚就要迟到了。"小米嘟着嘴，一边哭一边喊："我不喜欢这件，我就要穿那条裙子。""每天都要挑衣服，选一件衣服都要选半天，我给你准备好了也不穿，非要自己选，时间都浪费在这儿了。而且你这穿的什么啊，还拿了我的袜子穿。"小米妈妈抱怨道。"我不要，我就是要穿那条裙子。"小米说完，一屁股坐在地上，赖着不肯走。小米妈妈说："你起不起来，不起来我就要拿衣架了。"小米害怕地缩成一团,眼泪不停地往下掉。作为幼儿园教师的李老师见状,立刻上前打"圆场",对小米妈妈说:"打骂只会让孩子感到恐惧和焦虑,您可以换个角度,试试用积极、温和的方式,这样或许更有成效。"小米妈妈听后,把小米叫到身边,说道:"小米,妈妈不是不让你穿裙子,是因为今天天气太冷了。"小米一声不吭地看着妈妈。李老师对小米妈妈说:"我们不妨站在孩子的角度想想,试着理解她的行为。"小米妈妈点了点头,对小米说:"小米,妈妈知道你喜欢裙子,但是今天天气确实很冷,要是着凉感冒了,就得去医院打针吃药,连你喜欢的薯条也不能吃了,你肯定也不想生病吧?"小米点点头说:"我不想生病,我不要打针。"小米妈妈继续说道:"对啊,所以天气冷的时候,我们要穿暖和一点。今天我们先穿这件衣服,等天气暖和了再穿你喜欢的裙子,好吗?"小米听后,不停地来回踱步,犹豫地说:"可是今天奶奶带我去小艺家,我和小艺约好要穿裙子。"小米妈妈说:"今天天气比较冷,不能穿裙子。"小米急得直跺脚,说道:"不,我就是要穿,小艺都穿裙子。"只见小米妈妈的眼神中闪烁着怒火,嘴角下拉,眉头紧锁,生气地说:"你怎么这么不听话呢?我都跟你说了,今天天气冷,等天气暖和了再穿,我又不是不让你穿。"李老师见状,对小米说:"小艺肯定也在等你,再不去就迟到了。今天我们可以做一个不一样的公主,你看漂亮的朵拉也没有穿裙子,你跟妈妈一起搭配一套漂亮的衣服,好不好?"小米突然蹦跳起来,像发现了宝藏一般,浑身都散发着开心的气息,对李老师说:"耶,我今天要做朵拉公主。"说完,拉着妈妈一起去挑选衣服。随后,小米穿好衣服,跟奶奶一起出门了。

小米妈妈对李老师说:"还是您有办法,平时我就直接打骂了。我怎么就没想过借助孩子喜欢的动画人物来引导她呢?她显然更容易接受这种方式。而且我也确实需要反思一下,正如您所说,打骂只会让孩子感到恐惧和焦虑,采用积极、温和的方式会更有效果。"李老师说:"是的,孩子有喜欢的事物是很正常的,我们应该多站在孩子的角度去理解他们,以平和的心态去解决问题。在潜移默化中,孩子也会变得更加温和,更愿意与父母沟通交流。"小米妈妈说："我明白了。最近我也注意到孩子变得越来越爱美了。"李老师说："爱美是很正常的现象，只要正确引导就好。""您不知道，她每天都要挑选自己喜欢的衣服，但挑选的过程实在令人着急。挑了一套又一套，换了一套又一套，直到她满意为止。有一次，我们原本是要出去玩的，就因为不肯穿那件衣服，她哭闹了一个多小时，怎么劝都不听，最后我们也只能妥协。无论如何，她都必须按照自己的要求搭配衣服，非她挑选的不可，我真不知道该怎么办了。"小米妈妈无奈地说道。李老师说："那您如何看待小米的这种行为呢？"小米妈妈说："我知道女孩子爱美很正常，但有时候她自己挑选的穿着连我都看不下去，而且每次都要浪费这么多时间，所以我也想听听您的建议。"

李老师说："你能注意到孩子出现'爱美'这一现象，并且能够积极寻求帮助，这非常好。孩子在三岁左右就会进入审美敏感期了。这个时期，他们开始对环境、衣着等方面有审美要求。孩子到了这个年龄段逐渐会对自己的衣着打扮产生浓厚的兴趣，会突然对美产生很多的想法。"

"唉！"小米妈妈叹了口气，继续说道："她就是这样，爱美的表现还不止于此。除了衣服要挑，鞋子、头饰也都要自己做主。本来我是给她留着长头发的，但每天都有各种想法，今天要扎丸子头，明天要扎双马尾，后天又要编鱼骨辫，真是烦透了。有时候我赶着上班，她奶奶又不太会编辫子，我就干脆把她的头发剪短了。我以为剪短了就不用扎头发了，结果还是不行，她依然要扎头发，要编小辫子，还要挑选各式各样的小夹子。从小就爱臭美，长大后可怎么办啊。"

李老师说："其实，爱美是孩子的天性，对孩子而言，爱美的过程很有意义，这意味着她开始有自己的想法了，自我意识正在萌芽。我们不妨试着尊重孩子的爱美行为，引导她树立正确的审美观，毕竟衣着得体也是一种修养。"

小米妈妈疑惑地看着李老师说："她这么小，懂得什么是美，什么是衣着得体吗？"李老师回应道："别低估孩子的能力，孩子虽小，但对美是有感知的。而且，衣着得体不仅能够提升孩子的自信心，还对孩子的人际交往有所助益。就连我们成年人，对衣着的搭配都会因场合而有所不同，如根据天气增减衣物，不会穿着睡衣就出门。所以，衣着得体并非指孩子穿多昂贵的衣服，而是要符合自己的身份，穿着舒适、大方得体、整洁美观。衣着得体既是对他人的尊重，也是对自己的尊重，更是一种礼貌。您当然也不希望孩子衣着邋遢，我们都希望自己能得体、优雅，能够被他人接纳。"

小米妈妈点了点头。李老师继续说道："衣服再美，终究会有被丢掉的一天，但对美的感受却会伴随孩子一生。拥有良好的审美能力，孩子在成年后才能在生活中和人际交往中表现得更为得体、从容。我们常常教导孩子，内在美才是最重要的，能力决定了人生的高度。但是，如果你连自己的外在形象都无法管理妥当，又怎能期望别人透过你邋遢的外表，发现你的内在美呢？"

"确实如此。孩子对我们大人的穿着打扮也会耳濡目染。有一次，她看到我在家敷面膜，便也拿了一张纸巾弄湿后敷在脸上，敷完后还用手轻拍脸颊；有时她还会拿起我的白色中长袜穿在身上，结果袜子一直到膝盖处，后来我才想起家中有一本杂志上有类似的学院风穿搭，可能是她模仿杂志上的造型。"小米妈妈说道。

李老师说："是的，别小觑孩子的审美能力，他们对'美'也有独特的理解。三岁多的孩子正处于对外界充满好奇和探索欲的阶段，他们开始能够很好地分辨自我和他人，并对周围人的行为、着装、化妆等细节产生浓厚的兴趣。包括大人说话的腔调、穿着习惯、行为方式等都很容易成为孩子模仿的对象。在衣着方面，孩子对服装和发型的模仿意识尤为强烈。这是因为衣着是他人身上最直观的变化部分，也是孩子日常生活中频繁接触的事物。他们会留意大人的穿着习惯、风格，甚至是服饰的颜色搭配、款式选择等细节。通过模仿，孩子可以逐步学会如何搭配自己的衣服，形成个人的穿衣风格。"

然而，我们也需认识到，习惯和素养的培养并非一蹴而就。有人可能比较随性，有人则注重精心打扮，但无论怎样，保持干净整洁是必需的。

得体的着装不仅是一种礼仪，更是一种修养。对于孩子而言，我们需要引导他们树立正确的价值观，让他们明白得体的衣着不仅是外在的表现，更是内在素养的体现。同时，我们也应尊重孩子的个性和选择，不要过度干预他们的衣着搭配。"

小米妈妈听后问道："难道我就完全放任不管了吗？"李老师回答道："并非放任不管，而是有方法地去管理。首先，我们需要放松心态，更多地关注孩子的心理需求，鼓励孩子勇敢地追求美、感受美，尊重其追求美的行为，从而帮助孩子奠定美的意识基础。俗话说，先正衣冠后明事理。在孩子的着装方面，我们应该引导他们追求朴素大方、整洁美观的风格，充分展现健康活泼的精神风貌。同时，我们还需考虑不同年龄、时间、场合、目的和场地等因素对着装的不同要求，帮助孩子学会在不同环境中选择合适的着装。例如，参加升旗仪式时应穿着严肃庄重的服装或统一的园服；运动时则应穿运动服和运动鞋。孩子的服装款式应贴合其年龄阶段，颜色应鲜艳明媚，彰显童真童趣，避免过于深沉或过早成人化的穿着，因为这样的穿着不符合孩子的身心发展。此外，父母还应注重培养孩子良好的生活习惯，教育他们讲究日常卫生、勤换洗衣物。"

小米妈妈点头表示理解。李老师接着说道："除此之外，我们在面对孩子萌发的爱美行为时，也应进行正确的引导，具体可以从以下三个方面入手。

"（1）正确对待、尊重、理解孩子的爱美行为。美能够促进孩子自我意识的发展，允许孩子适度修饰自己的外表，有助于他们形成积极的自我评价，也能获得同龄人的正面评价，这对孩子自尊心和自信心的形成大有裨益。当孩子开始对自己的装扮产生想法时，父母的第一反应应是尊重，而非压制。尽管此时孩子的审美尚未完全建立，但这无疑是他们独立探索美的第一步。在这个阶段，父母的一句赞叹——'真好看'，不仅是一种认可和鼓励，更是帮助他们建立自尊和自信的第一步。有了父母的鼓励和支持，孩子会更加积极地追求美和探索美，树立起自尊和自信。毕竟，我们每个人都曾年少，也曾像孩子一样爱美。因此，父母应当理解孩子爱美的心情，尊重并理解他们的意愿与想法。

"（2）给予孩子爱美的空间，引导孩子形成正确的审美观念。我们应该相信孩子，尊重他们的自然成长规律，给予其充分的理解和支持，鼓励他们自由探索，让其拥有追求美的自由。我们可以根据孩子敏感期的特点，为他们设计相关游戏活动。例如，在与孩子互动的游戏过程中，可以让其感知形状、颜色和图案，并尝试进行搭配。切记不要将自己的审美观念强加给孩子，应让他们自由发挥想象力，这样有助于培养其独特的个性。由于孩子年龄小，对美的认知尚不成熟，美不仅仅体现在外表打扮上，还包括神态、举止、谈吐等方面。因此，我们需要引导孩子正确认识美，可以与他们探讨何谓美，什么样的着装适合自己，与孩子一起探寻真正的美，树立健康、正确的审美观。例如，可以和孩子一起讨论衣服与鞋子的搭配，尝试几种不同的装扮，比较哪一种更好看；还可以和孩子一起装扮娃娃、装扮自己的家，讨论颜色的搭配；此外，还可以带孩子走进大自然、走进人群，去发现自然之美、生活之美，引导他们认识到美不仅局限于衣服和容貌，还包括健康的身体和善良的心灵。

"（3）把握指导的时机，迁移和扩展美的领域。在日常生活中，父母应以客观的态度仔细观察孩子，把握好指导的时机，切勿在孩子表现出'爱美'倾向时立即加以遏制。与此同时，我们还可以迁移和扩展美的领域，不断丰富和提升孩子对美的事物的向往。例如，创造美——和孩子一起画画、捏泥塑或做手工。鼓励是必不可少的，但用语应具体、丰富且具有针对性。例如，'哇，你画的这只兔子非常可爱，颜色搭配也很巧妙'。欣赏美——带孩子到户外观察树叶，或认识各种植物；还可以将不同颜色的树叶剪裁成不同的图案进行创作，让孩子欣赏大自然中的美。感受美——带孩子走进大自然，欣赏花朵盛开的景象，聆听鸟儿鸣叫的声音，甚至踩泥巴、玩水。父母应将当时的感受表达出来，例如，'鸟儿的鸣叫声清脆悦耳，仿佛是大自然奏响的美妙乐章。你觉得呢？'鼓励孩子大胆分享自己的感受。发现美——在散步时，可以引导孩子留意人行道上瓷砖和石板路的排列规律，感受它们带来的视觉美感；在乘车途中，可以一同欣赏窗外的高楼大厦和景观设计，讨论它们的美感和创意；在公园或广场上，可以引导孩子关注宣传画的内容和色彩搭配，以及它们所传递的信息和营造的氛围；客厅和走廊中的壁画也是极佳的观赏对象，可以让孩子感受不同的艺术风格和表现手法。"

小米妈妈听后频频点头，表示高度认同。之后，小米妈妈向老师反馈道："小米现在每天都主动询问天气状况，还学会了看温度计。她不仅能根据天气情况、色彩等因素搭配衣物，还能通过绘画表达自己的想法，并且能够清晰地说出这样搭配的理由。看到她的进步，我感到十分欣慰，同时也发现了她在绘画方面的特长。"

其实，孩子在探索美的过程中，很可能会发现自己潜在的天赋和兴趣，甚至将其发展为未来的事业。审美能力并非与生俱来，后天的引导和呵护尤为重要。很多时候，孩子缺乏的并不是审美能力，而是父母善于尊重和保护的心。

合理消费

小小理财家
——幼儿消费观的萌芽

在充满希望和活力的周一清晨,老师怀着愉悦的心情,热情地迎接她班上那些可爱的孩子们到来。小朋友们在爸爸妈妈的陪伴下,蹦蹦跳跳地走进了幼儿园,愉快地向老师问好。

忽然,远处传来一阵喧嚣,只见一位妈妈满脸怒气,气势汹汹地带着孩子走了过来。她眉头紧锁,双眼闪烁着怒意,嘴角紧抿,显然是遭遇了令她极为不满的事情。老师定睛一看,竟是自己班上的小朋友小玲和她的妈妈。小玲低垂着头,默默跟在妈妈身后,一声也不敢吭,整个场景弥漫着紧张的气氛,令人不由自主地感到些许不安。

小玲妈妈见到老师后,用力拽过小玲,脸色阴沉地说道:"乖乖听老师的话。"老师走上前,准备牵起小玲的手带她进入幼儿园。但小玲紧紧抓住妈妈的手,含泪说道:"我不要。"

老师察觉到情况不对,目光柔和地望向小玲妈妈,轻声细语地问道:"小玲妈妈,小玲是不是遇到什么事了?"

小玲妈妈深吸一口气,努力平复内心的不满与焦虑,语气略显激动地说:"老师,事情是这样的。昨天我带小玲去超市,她非要一个新款的芭比娃娃,可那款娃娃的价格不菲,而且家里已经有好多个类似的玩具了,所以我没给她买。结果,小玲在超市里大哭大闹,搞得我很尴尬。今天早上她还一直闹着要,说什么也不肯来幼儿园。"

老师听完后,蹲下身子,与小玲平视,眼神中满是理解和鼓励。"小玲,告诉老师,你为什么那么喜欢那个芭比娃娃呢?"她的声音轻柔,如同一缕春风,试图抚慰小玲心中的不安。

小玲抬起头,眼眶泛红,用细微的声音说道:"因为小雨有一个,她说她的芭比娃娃会唱歌,还能换很多漂亮的衣服,我也想有一个。这样我就能和我的好朋友小雨一起玩了。"

小玲妈妈听后,语气变得严厉起来:"小玲,你怎么能这么任性呢?我们不能因为别人有什么就想要什么,这种想法是不对的。"她的话虽带着几分严厉,但也流露出一丝无奈与疲惫。

小玲听到妈妈的话,眼泪终于夺眶而出,她的小手紧紧攥着衣角,带着哭腔却努力表达着:"可是……我就要和小雨一样的。"

小玲妈妈听罢,更加生气地说道:"小玲,你不能总是这样,只想着和别人一样。买了这个娃娃,你最多玩两三次就不感兴趣了。"她的言语中夹杂着责备,更多的则是希望小玲能明白这个道理。

老师轻轻拍了拍小玲的肩膀,给予她安慰,随后转向小玲妈妈,语气平和地说道:"小玲妈妈,我能理解您的心情。但在这个年龄段,孩子对周围的世界充满好奇和向往,他们很容易受到同伴的影响,渴望拥有与同伴相似的东西,这是他们社交能力和认知发展的正常表现。我们可以试着引导小玲,让她理解消费的价值和意义,而不是简单地拒绝她的需求。"

"那老师,您有什么建议吗?"小玲妈妈听完老师的话后,神情略微放松,语气中增添了几分期待。

老师微笑着回答:"小玲妈妈,或许我们可以尝试另一种方式来引导小玲。例如,可以和小玲一起制订一个'小小理财家'计划,教会她管理自己的零花钱,让她学会储蓄和理性消费。当她真心想要某样东西时,可以用自己存下来的钱去买，这样她会更加懂得珍惜，也会收获更多成就感。"

小玲妈妈听后，原本紧锁的眉头慢慢舒展开来，眼中隐约透出一丝认同。"这个主意很好，老师。我一直担心直接拒绝她会适得其反，但又不愿纵容她的不合理行为。看来，我们需要耐心地引导她。"

"老师，我具体该怎么做呢？"小玲妈妈虚心地请教道。

老师耐心地解释说："小玲妈妈，首先，您可以和小玲一起坐下来，制订一份零花钱分配计划。比如，每周给她固定金额的零花钱，让她自行决定这笔钱该如何使用。同时，您可以教导她分辨'需要'和'想要'的不同，让她明白哪些是生活必需品，哪些是可以等待或放弃的非必需品。比如芭比娃娃虽然很有趣，但它并非生活必需品，而且家里已经有许多类似的玩具了。我们可以鼓励小玲用她的零花钱去购买一些真正需要或有助于她成长的东西，如书籍、画笔或是支付某些兴趣班的学费。"

小玲妈妈点点头，"我明白了，老师。我会试着与她沟通，让她明白这些道理。不过，如果她依然坚持要那个芭比娃娃怎么办？"

老师微笑着说道："那我们可以设定一个目标，如让小玲完成一些家务劳动或是学习上的小任务，作为她获得这个芭比娃娃的'奖励'。这样一来，她不仅能够通过自己的努力达成心愿，还能体会到成就感和满足感，而非仅仅因哭闹就得到满足。"

小玲妈妈听后，脸上浮现出欣慰的笑容。"这真是个好主意，老师。我会按照您的建议去做，希望能够帮助小玲树立正确的消费观和价值观。"

老师提议道："这样吧，我们先去接待室，一起为小玲设计一个既有趣又有教育意义的'小小理财家'计划，让她在实践中逐步理解金钱的价值和合理消费的重要性。"

说着，老师轻轻牵起小玲的手，温柔地牵着她向接待室走去。虽然小玲的脸上还挂着泪珠，但在感受到老师的关怀后，渐渐停止了哭泣，好奇地跟随着老师。

到了接待室，老师拿出几张彩纸和几支彩笔放在桌上，对小玲说道：

"小玲，我们一起来制作一份特别的计划表吧！这份计划表将记录你每周的零花钱以及你想购买的东西，还有你是怎样'挣'到这些零花钱的。"

小玲一听，立刻来了兴趣，眼睛亮了起来，接过彩笔，开始在彩纸上认真地绘制起来。老师则在一旁耐心指导，帮助她规划每一项内容，如"本周零花钱总额""已花费金额""储蓄目标"以及"想要购买的物品"等栏目，小玲不会写的文字就用图画来代替。

"小玲，你看，这里是你每周可以获得的零花钱，"老师指着计划表上的数字说道，"而这里，则是你想买的芭比娃娃的价格。我们可以一起计算一下，你需要存多久的零花钱才能买到它。"

小玲认真地听着，用小手指着数逐一数着，尽管过程中有些困难，但她仍然努力理解每个数字背后的含义。她意识到，想要的东西并非仅靠哭闹就能获得，而是需要通过自身的努力和时间的积累才能得到。

"老师，那我要怎样才能赚到钱呢？"小玲抬头问道，眼中充满了期待。

老师微笑着回答："小玲，你可以在家里帮妈妈做一些家务，如整理玩具、擦桌子、扫地等，这样妈妈就可以给你一些小奖励当作零花钱。此外，你在幼儿园表现得好，老师也会给予奖励哦！"

小玲听后，开心极了。妈妈看到小玲的转变，心中也涌起一股暖流。她意识到，相较于简单的拒绝或满足，这种教育方式更能让孩子在成长过程中学会自我管理并培养责任感。

"小玲，妈妈之前可能太过急躁，没有耐心听你的想法。"小玲妈妈温柔地抚摸着她的头，眼中满是歉意与爱意，"今后，让我们一起努力，好吗？妈妈会陪着你一起完成这个'小小理财家'计划，看着你一步步努力实现自己的目标。"

小玲用力点了点头。这时，老师补充道："小玲，计划表已经完成了，今天要好好表现哦。你可以先和小伙伴们一起玩耍，让妈妈把你的计划表带回家妥善保管，然后按计划执行。"

小玲笑着答应，蹦蹦跳跳地回到班级，伤心的哭泣早已被兴奋的笑容取代。

小玲妈妈见状，心中满是欣慰与感激。她望着老师，眼中含着真挚的谢意。"老师，真的非常感谢您。"

老师微笑着摆了摆手，"小玲妈妈，您不必客气。教育孩子本就是一件需要双方共同努力的事情，我只是尽力提供帮助和建议而已。重要的是，您愿意倾听、理解和支持小玲，制作计划表只是第一步。接下来，我们的任务是让这份'小小理财家'计划不只是纸上谈兵，而是真正融入小玲的日常生活之中。"

"老师，您快告诉我应该怎么做？"小玲妈妈急切地说道。

老师微笑着回答："您可以在家中设置一个'小玲的储蓄罐'，每天让她自己把零花钱放进去，直观地感受财富积累的过程。同时，每周安排一次家庭会议，如周末的傍晚，全家人围坐在一起，回顾一周的开支和储蓄情况，鼓励小玲分享她的感受和经验，无论是节俭还是偶尔的冲动消费，都是成长中的宝贵财富。而且，我们还可以根据小玲的进步和表现，适时调整计划内容，增加一些新的挑战或奖励机制。例如，当她成功储蓄到足以购买芭比娃娃金额的一半时，我们可以组织一次家庭旅行或特别的亲子活动作为额外奖励，让她体会到除物质外，家庭的温暖和家人的陪伴同样重要。

"另外，我建议您带小玲去银行，让她亲身参与开设儿童储蓄账户的过程。尽管她目前年幼，可能无法完全理解金融交易的复杂性，但这段经历会让她对金钱形成更直观的认识，知道金钱可以安全地存放在银行，并且还会产生利息，这种理财观念对提升孩子的财商大有裨益。

"最为关键的是，我们要让小玲认识到，金钱并非万能的，它无法购得一生的快乐和幸福。我们需要教导她感恩、分享和奉献，让她在拥有财富的同时，也能利用这些财富去帮助那些需要帮助的人，这样她的心灵会更为丰盈和满足。"

小玲妈妈听得十分认真，不时点头表示认可。"老师，您考虑得如此周全，实在令人钦佩。"

"这是我们共同的目标，小玲妈妈。"老师微笑着回应。

随着问题圆满解决，小玲妈妈怀着感激与希望离开了幼儿园。

在随后的日子里，每当小玲完成一项家务或学习任务，妈妈都会给予及时的肯定，并记录下她应得的零花钱。随着时间流逝，小玲的储蓄罐逐渐变得沉甸甸。每次看到储蓄罐内不断增多的硬币和纸币，她内心都充满了成就感。更为重要的是，她学会了如何管理自己的金钱，如何辨别"需要"和"想要"，以及如何凭借自身努力达成愿望。

上网有度

别让手机成为孩子的"电子保姆"

随着科技的迅猛发展,手机已成为现代生活中不可或缺的一部分。然而,近年来,越来越多的家长选择用手机哄孩子,用手机充当孩子的"电子保姆",试图缓解育儿压力。对此,家长们往往抱持着复杂的感情态度——一方面,他们认可手机为日常生活带来的诸多便利,无论是生活管理还是工作沟通,都离不开它的支持;另一方面,他们又对手机可能引发的负面影响深感忧虑,特别是孩子过度沉迷于手机游戏的现象屡见不鲜,甚至导致家庭内部频繁爆发"手机争夺战"。事实上,手机作为一种信息工具,其本身并无好坏之分,其实际作用完全取决于使用者的态度和行为方式。

今天是洋洋的5岁生日,陈老师带着精心挑选的礼物来到洋洋家中,参加她父母为其举办的生日聚会。亲朋好友齐聚一堂,气氛热烈而温馨。洋洋和她的小伙伴们坐在客厅津津有味地观看动画片,等待享用美味的蛋糕。与此同时,大人们则在厨房和餐厅之间忙碌穿梭,准备丰盛的晚餐。不久之后,随着生日歌响起,众人齐声祝福,家长切开蛋糕分发给大家后,孩子们的情绪更加高涨。几个孩子开始嬉戏打闹,你追我赶,兴奋地喊着"我就要抓到你啦！"欢笑声此起彼伏，使得正在沙发区休息的大人们难以继续交谈。面对如此喧哗的场面，洋洋的妈妈显得疲惫不堪。

于是，她从包里掏出手机递给洋洋，说道："给你，安静一会儿吧。"洋洋接过手机后熟练地输入密码，打开了短视频应用程序，开始看起了短视频。伴随着手机播放的声音，原本还在奔跑嬉戏的其他小朋友也被吸引过来，很快便聚集在一起，目不转睛地盯着屏幕，整个房间顿时恢复了平静。看到这一幕，洋洋妈妈长舒一口气，感叹道："总算安静下来了，这下终于可以清静一会儿了。我知道直接给孩子手机的做法并不妥当，但有时候工作太忙，实在抽不出时间陪伴他们，所以只能用这种方式让他们暂时安静下来。说实话，我也尝试过许多方法，但都没有这种方法有效。"周围的家长们纷纷附和，表示感同身受。小杰的爸爸感慨道："确实如此，现在孩子们一拿到手机就安分多了，我们家小杰也是如此。只要他在学校放学回家后一哭闹，他的妈妈就会递给他一部手机，让他看动画片，结果他立刻就停止了哭喊。虽然明白这种做法不利于他们的健康，但在忙碌的生活节奏中，谁又能做到完全避免呢？"小名的妈妈接着说道："有时候带孩子外出乘车时，我也会打开手机玩游戏，孩子在一旁看得津津有味，不仅不会打扰我，还能让我们一路保持安静，感觉挺不错的。"短暂的交流过后，大家陷入了沉思。洋洋的母亲感慨道："我常常反思，手机究竟从何时起变成了所谓的'哄娃神器'？无论是在家里还是公共场所，只要孩子不听话、不吃饭、影响我们工作或者制造噪音，只需一部手机就能轻松解决问题。"

陈老师问道："洋洋妈妈，您都尝试过哪些办法？不妨跟大家分享一下。"洋洋妈妈答道："如给她玩玩具，不到五分钟，她把玩具玩一遍就不感兴趣了，有时甚至不到一分钟。上周，她说想要一辆电子遥控车，买回来之后只玩了两三次便置之不理；后来我又买了两包剪纸，本以为能让她玩上几天，结果仅仅一个下午她就失去了兴致。你们看，那些都是只玩过一两次的玩具。"洋洋妈妈边说边指向一侧的玩具角。她继续说道："只要她在玩手机，就会格外专注。但令人困扰的是，她一旦沉浸其中，无论谁跟她说话，她都充耳不闻，自动屏蔽外界的一切声音，这种状态让我十分担忧，希望能尽快改正她的这一习惯。"

小杰爸爸说："虽然手机确实带来了不少便利，但它终究无法替代父母对孩子的关爱和陪伴。其实我们都应该多花点时间陪陪孩子，让他们感受到家庭的温暖和幸福。同时，我们自己也应当对孩子使用手机的时间和内容加以限制和管理，保护他们的身心健康。否则，长期这样下去，手机就成了孩子的'电子保姆'了。"

洋洋妈妈补充道："我家洋洋几乎整天抱着手机不撒手，注意力极容易分散，只要我不陪着她，她就会制造各种麻烦，让人心烦意乱，耐心耗尽。渐渐地，沟通变成了责备。最让人生气的是，为了玩手机，她开始频繁撒谎、发脾气。说实话，我特别理解这种现象，成年人尚且难以抵御手机的诱惑，更何况心智尚不成熟的孩子。但我也目睹过不少因沉迷手机而影响学业的孩子，所以对她的现状感到十分担忧，认为这是一个危险的开端。"

小杰妈妈接着说道："是的，我也曾经这样做过，孩子遇到问题，我就随手丢一部手机给他，甚至觉得手机的屏幕不够大，还特意给他买了一部大屏手机。时间久了才发现，他对周围的事物失去了兴趣，离开谁都可以，唯独离不开手机。所以在暑假期间，我下定决心帮他摆脱对手机的依赖，全程陪伴他，寻找引导他远离手机的方法。我和小杰约定了每次玩手机的时间不得超过30分钟，具体参考了陈老师提及的《3~6岁儿童学习与发展指南》，其中指出5~6岁的儿童连续使用电子产品的时间不应超过30分钟。同时，我陪小杰合理规划了一天的日程安排，包括玩玩具、阅读绘本、午休、户外活动等内容，只有到了放松时段，才允许他看30分钟的动画片。如此一来，他整天都没有主动要求看手机。两周后，让他自己制订计划，规划一天内需完成的事情。如果某些事情需要父母陪伴，也可以将其列入计划里，孩子提到，他想和爸爸一起踢球、游泳，还想和妈妈一起做手工折纸、睡觉前阅读绘本。至于其他时间，他想画画、完成老师布置的小任务以及看30分钟的动画片。听完他的计划后，我们答应了他的要求。两个月的暑假结束时，他从未主动提及玩手机。所以，孩子真正需要的是父母的陪伴，而我们不能因为忙就将手机丢给他们，让他们对手机产生依赖。"

随着夜幕降临，聚会渐渐接近尾声。客人们陆续起身准备道别时，洋洋依旧坐在沙发上，目光紧紧锁定在手机屏幕上，仿佛整个世界都被压缩在这方寸之间。洋洋妈妈走到她身边，轻声提醒道："洋洋，聚会要结束了，跟大家道个别吧。"洋洋却突然情绪激动，大声喊道："我不要，我不要，我不愿意朋友们离开，我想让他们继续陪我。"话音未落，泪水夺眶而出。妈妈耐心解释道："现在已经很晚了，大家都要跟着爸爸妈妈回去休息了。""不晚，不晚，我们都还没有吃消夜呢，我还能玩很久的手机。明天不是不用上学吗？为什么现在就要回去？朋友们回去了，谁来陪我，我还是会一个人睡觉。"说完洋洋哭得更委屈了。面对洋洋突如其来的情绪，妈妈强压怒火，继续柔声劝慰："宝贝，乖，今天是你的生日，不可以哭的。我们跟大家说再见，下次再一起玩，好吗？妈妈等会儿陪你洗澡睡觉，不会让你一个人的。"听了这句话，洋洋的情绪逐渐平复，依依不舍地向大家告别。

客人散去后，洋洋自然而然地拿起手机，打开游戏软件，嘴里哼唱着流行歌曲。妈妈看到这一幕后，再也按捺不住内心的愤怒，一把夺过手机，语气严肃地说："从今天开始，你不许碰我的手机，也不许唱这些歌曲。别的小朋友都知道要跟爸爸妈妈回家洗澡睡觉，只有你整天只知道玩手机，说什么你都听不到。吃饭要看手机，睡觉前还在玩手机，你的手机瘾比我还大。"洋洋被夺走手机后顿时号啕大哭，听到妈妈的话后更是扯着嗓子大喊："那我除了玩手机还能干什么？玩具又不好玩，你又不陪我，不是你说的，你忙的时候我就可以自己看手机吗？你说过小杰他们回去了你会陪我洗澡睡觉，但是你却没有做到……"

当洋洋妈妈一筹莫展时，陈老师对洋洋说："洋洋，今天是你的生日，收到了许多礼物，你能和陈老师还有妈妈一起看看都有哪些礼物吗？"在拆礼物的过程中，洋洋和妈妈的情绪逐渐稳定下来。洋洋妈妈对陈老师说："还是您这一招转移注意力的方法有效，不然我又要和她吵起来了。"陈老师回应道："这是因为您陪伴孩子一起完成了这件事。有时候，我们需要理解孩子的需求，给予高质量的陪伴。"洋洋妈妈点头表示认同："我知道了，今天跟其他家长交流后，我也意识到家长以身作则的重要性。我既要与孩子共享网络带来的快乐，也要及时关注孩子的行为表现。"陈老师进一步询问："那您接下来打算如何行动呢？"洋洋妈妈回答："我也想明白了，起初我把手机当作'电子保姆'，无论孩子需要什么，我都把手机丢给她。现在一下子收回手机，完全不让她碰也不现实，得循序渐进才行。我要管理她观看的内容、玩的游戏，每天不能只是玩手机，还可以陪她一起探索玩具的新玩法，一起去户外活动，就像小杰妈妈那样，陪她一起制订计划。"

洋洋妈妈向陈老师请教："除了调整她玩手机的内容，我还想培养她的兴趣爱好，请问有什么具体方法吗？"

陈老师答道："作为父母，我们常常忽略了孩子的天性——喜爱玩耍。孩子们将大量时间花在电子产品上，可能是因为他们没有机会尽情玩耍。为什么没有机会？原因也很多，如孩子无法外出、父母未能陪伴他们玩耍、家里缺乏玩耍的氛围。我记得曾陪孩子们一同观看过《动物世界》，其中有一集讲小海狸的故事。科学家们指出，小海狸正是通过玩耍才得以成长。它们有时模仿海狸妈妈咬树枝、搬运石头，有时还挖泥巴做成泥团……起初，它们并非真正参与劳动，而是在模仿中玩耍。通过一系列玩耍活动，小海狸的大脑得以发育，最终掌握了各种技能。玩耍有助于促进孩子大脑神经元之间的连接。当孩子玩耍时，大脑会分泌一种名为 BDNF（脑源性神经营养因子）的营养素帮助神经元生长。因此，可以说，孩子最喜欢的是玩耍，而不是电子产品。当孩子缺乏玩耍的机会中时，手机的新奇性便会吸引他们沉迷其中。虽然我们不能否认手机在某种程度上对儿童有益处，但对于年幼的孩子来说，弊大于利。如果希望孩子远离电子屏幕，就需要为他们营造适宜玩耍的环境氛围。我们知道，当孩子全身心投入玩耍中时，不仅能增强自信心与成就感，还能培养他们的思考能力与专注力。要想培养孩子的兴趣爱好，使他们合理分配时间，在学习和娱乐的同时找到自身的价值感，可以带孩子走进大自然，多接触花草树木，探索大自然神奇的奥秘。通过观察蝶飞燕舞，聆听鸟叫虫鸣，激发孩子强烈的求知欲。对于孩子来说，大自然是最好的课堂，是最生动的教科书，它能够传授无穷无尽的知识，引领他们踏上求知探索的新征程。"

洋洋妈妈连连点头，满怀信心地对陈老师说道："陈老师，您说得太有道理了，我从明天开始就付诸实践。"

自那以后，洋洋的爸爸妈妈每逢周末都会陪伴她进行一次短途旅行。一段时间后，陈老师再次见到洋洋时，她已不再只对手机感兴趣，而是会兴奋地与人分享她的所见所闻。她对妈妈说自己很幸福，谢谢爸爸妈妈的陪伴。

总之，尽管电子设备能够带来某些便利，但它无法取代家长对孩子的关爱和陪伴。家长们不应再将孩子托付给"电子保姆"，而应多花时间陪伴孩子，与他们互动和交流，让他们感受到家庭的温暖和幸福，从而健康地成长和发展。

文明礼貌　浸润童心

讲文明、懂礼貌是中华民族的传统美德，也是我们日常生活中不可或缺的一部分。无论是在家庭、学校还是社会，文明礼貌都是人际交往的基本准则。幼儿时期是孩子性格与习惯养成的关键阶段，将文明礼貌的种子深植于童心之中，如同春雨般细腻而持久地浸润，对孩子的未来成长具有深远影响。

琪琪今年5岁，是一个活泼可爱的小女孩。一天清晨，阳光明媚，琪琪因睡过头而错过了早餐时间。妈妈见状，决定带她去楼下的早餐店，以确保她能享用一顿营养丰富的早餐。这家早餐店的面包新鲜可口，豆浆醇香甘甜，深受附近居民的喜爱。

妈妈对琪琪说："琪琪，你先到楼下的早餐店等我，我马上下来。"

琪琪点了点头，迅速穿好鞋子，像一只欢快的小鸟，蹦蹦跳跳地下了楼。

来到早餐店，琪琪发现店里人头攒动，顾客们正井然有序地排队等候。她心想："再排队就要迟到了，赶不上晨间锻炼了。"于是，她不顾秩序，径直挤到柜台前。指着面包和豆浆对店员大声说道："我要这个面包和豆浆，快点儿拿给我，我快迟到了。"店员匆匆瞥了她一眼，并未过多理会，而是继续热情地招呼排队的顾客。琪琪见店员没有回应，心中不悦，又催促道："快点儿给我，我要迟到了。"

周围排队的人纷纷看向琪琪，有人露出惊讶的神情，有人则轻轻摇头，低声议论道："这是谁家的孩子？怎么这么没礼貌……"

"是啊，她不仅插队，说话还这么不客气，这个孩子真缺乏教养！"这时，琪琪的妈妈恰好赶到，发现众人议论的对象竟是自己的女儿，顿时面红耳赤，感到无比尴尬和羞愧。她快步向前，拉着琪琪的手，向周围的人道歉后，就迅速离开了。

在去幼儿园的路上，妈妈难掩失望，不停地责备琪琪："琪琪，你太让我失望了。妈妈一直教导你要懂礼貌，你怎么就是记不住？"

琪琪见妈妈特别生气，心里既难过又委屈，眼泪在眼眶里打转，却强忍着不让它落下。她并不明白妈妈为什么生气，只觉得满腹委屈。

到了幼儿园门口，迎接小朋友的晓晓老师察觉到母女俩的异样，微笑着走上前："琪琪妈妈，早上好！琪琪，早上好！"

琪琪妈妈勉强挤出一丝笑容，对晓晓老师点头致意，语气中带着歉意和无奈："晓晓老师，早上好。实在抱歉，琪琪今天睡过头了。"说完，她轻轻拍了拍琪琪的肩膀，示意她向老师问好。

琪琪低着头，怯生生地说道："晓晓老师，早上好。"她的眼神中流露出不安和羞愧，小手紧紧攥着妈妈的衣角。

晓晓老师关切地询问道："发生什么事了吗？琪琪看起来好像心情不太好呢。"

琪琪妈妈叹了口气，将早餐店发生的事情一五一十地告诉了晓晓老师。随着讲述的深入，她的语气中逐渐流露出对琪琪行为的不满与失望。

站在一旁的琪琪听着妈妈的讲述，小脸涨得通红，终于忍不住落下泪来。

晓晓老师见状，轻轻蹲下身子，抱了抱琪琪，温柔地抚摸着她的背，给予温暖的安慰。

晓晓老师对琪琪妈妈说:"我们去接待室聊聊吧,这里人多,而且孩子们马上就要入园了。"说着,她牵起琪琪的小手,带着她和妈妈一同走进了幼儿园内的接待室。

阳光透过接待室的窗户,洒在柔软的沙发上,营造出温馨而宁静的氛围。晓晓老师请琪琪母女坐下,贴心地递上纸巾,待她们情绪平复后,开始了耐心的引导。

"琪琪妈妈,我非常理解您此刻的心情,但每个孩子都处在不断学习和成长的过程中。琪琪今天的行为确实有失礼貌,但这恰恰是我们开展教育的好时机。"晓晓老师的话语中充满了理解和鼓励,"孩子的行为往往反映了他们内心的需求和困惑,我们需要的是耐心引导,而非简单责备。"

随后,晓晓老师转向琪琪,用温柔而坚定的目光注视着她:"琪琪,早上在早餐店你看到了什么呢?"

琪琪抬起泪眼,声音略带哽咽:"我……我看到很多人在排队。"

晓晓老师继续引导道:"大家都在排队,我们可爱的琪琪是怎么做的呢?"

琪琪低下头,无意识地揉搓着衣角,声音低得像是在自言自语:"我……我插队了。"

"那琪琪为什么要插队呢?"晓晓老师轻声问道。

"我……我怕迟到。"琪琪的声音中充满了懊悔。

"原来是这样啊,那你插队时,有没有征求前面叔叔阿姨的同意呢?"

琪琪摇了摇头。老师接着说道:"没有经过别人同意就插队,是不是会让叔叔阿姨们感到不舒服呢?就像我们玩游戏时,如果有人不遵守规则随意插队,大家也会不开心,对吗?"

琪琪点了点头,小声回应道:"是的。"

晓晓老师微笑着,语气温和地说道:"认识到错误并愿意改正,这才是好孩子。琪琪这么聪明懂事,老师相信你一定能做到。下次再去买东西或者做事情时,记得排队等待,保持耐心,好吗?"

琪琪郑重地点了点头。

晓晓老师欣慰地握住琪琪的小手，继续引导："琪琪还记得当时是怎么和早餐店的店员说话的吗？"

琪琪回想起当时的情景，脸颊上再次泛起红晕。她轻轻咬着嘴唇，低声回答："我……我大声喊着要面包和豆浆，让他快点拿给我。"

"那卖面包的叔叔拿给你了吗？"晓晓老师问。

"没有，他……他没有理我。"琪琪的声音里带着一丝委屈和不甘。

晓晓老师温柔地笑了笑，说："琪琪，老师记得昨天乐乐问你借水彩笔，你也没借给他，是为什么呀？"

琪琪愣了一下，回忆起昨天的事情，她支支吾吾地说："因为……因为他说的话，我不喜欢。"

"乐乐说了什么？"晓晓老师问。

琪琪生气的说："他一点礼貌都没有，很大声地说，'琪琪把你的彩色笔给我用一下'。"话刚说完，琪琪想到自己早上在早餐店的行为就意识到自己的语气和乐乐当时有些相似，不禁低下了头，脸颊更红了。

晓晓老师见状，趁机引导道："你看，琪琪，你也觉得乐乐那样说话不好，对吧？同样地，当你用不礼貌的方式去请求别人时，别人也会感到不舒服，甚至不愿意帮助你，是吧？"

琪琪认真听着，若有所思地点了点头。

"那琪琪你觉得今天在早餐店应该怎么做，才能让叔叔愿意给你拿面包和豆浆呢？"晓晓老师继续引导着琪琪思考。

琪琪低头沉思了一会儿，然后抬起头，眼睛里闪烁着坚定的光芒："我应该先排队，轮到我的时候，再好好地跟叔叔说：'叔叔，请给我拿这个面包和那个豆浆。'"

晓晓老师满意地点了点头，赞许地看着琪琪："对，就是这样。用文明礼貌的语言去请求别人，这样才能得到别人的帮助和尊重。琪琪，你真的很聪明，很快就明白了这个道理。"

琪琪妈妈在一旁听着，眼眶不禁微微泛红，开始反思自己教育孩子的方式是否过于严厉，平时也没有以身作则，忽略了耐心与引导的重要性。

她感激地看向晓晓老师，心中涌动着无以言表的感动："晓晓老师，真是太谢谢您了。"琪琪妈妈的声音有些哽咽，"我平时工作忙，对孩子的教育确实疏忽了很多。今天的事情让我意识到，我作为母亲，还有很多需要学习和改进的地方。"

　　晓晓老师温柔地摇了摇头，安慰道："琪琪妈妈，别这么说。每个孩子都是独一无二的，他们在成长过程中难免会犯错。重要的是我们如何引导他们，让他们从错误中学习，成为更好的自己。今天的事情，虽然琪琪的行为让您感到尴尬和羞愧，但也是一个宝贵的成长机会。我相信，在您的关爱和教导下，琪琪一定会越来越好的。"

　　接着，晓晓老师又转向琪琪，鼓励道："琪琪，你知道吗？每个人都会犯错，但重要的是我们要有勇气承认错误，并努力改正。你今天做得很好，勇敢地面对了自己的错误，还学会了正确的做法。老师为你感到骄傲。"

　　琪琪妈妈听了晓晓老师的话，她轻轻握住琪琪的手，温柔地说："琪琪，妈妈刚才太冲动了，对不起。妈妈相信你能做得更好，我们一起加油，好吗？"

　　琪琪看向妈妈，发现妈妈的表情也柔和了许多，正鼓励地看着自己。琪琪的眼中闪过一丝惊讶，随即化作了温暖的笑容，她紧紧抱住妈妈，声音虽轻却坚定："妈妈，我也要说声'对不起'，以后我会注意的，不再让你生气。"

　　晓晓老师见状，心中倍感欣慰，她知道，这一刻，不仅琪琪上了宝贵的一课，就连琪琪妈妈也在反思与成长。

　　琪琪妈妈露出了感激的笑容，她再次向晓晓老师致谢："晓晓老师，您真是用心良苦，不仅教会了孩子，还给我上了一课。以后，我会更加注重与孩子的沟通方式。"

　　"没错，家庭教育是孩子成长道路上不可或缺的一环。"晓晓老师点头赞同，"我们一起努力，为孩子营造一个文明礼貌的成长环境。"

　　随着话题的结束，原本紧张的气氛变得温馨而和谐。琪琪母女俩在晓晓老师的陪伴下，不仅解决了眼前的困扰，更在心灵上得到了成长和升华。

从那天起，琪琪妈妈开始调整自己的教育方式，不再像以前那样严厉和急躁。在家她会经常说"琪琪，请帮妈妈倒杯水""谢谢我的小宝贝"等礼貌用语，同时也会耐心倾听琪琪的想法，用更加温和的语气与她交流，鼓励她表达自己的感受。

　　而琪琪在妈妈的影响和教育下也发生了改变，她不仅在家里变得更加懂礼貌，对待家人轻声细语并且充满感激，还把这些好习惯带到了日常生活中。每天上学前，她会主动跟爸爸妈妈道别，并说："爸爸妈妈，我去上学了，你们上班也要注意安全哦。"放学后，见到来接自己的妈妈，她会兴奋地跑上前去，礼貌地打招呼："妈妈，你辛苦了。"

　　在幼儿园里，琪琪也成了同学们眼中的小榜样。她每次都会微笑着对需要帮助的同学说："请小心，我帮你。"她的行为逐渐感染了周围的同学们，大家开始更加注重礼貌和互助，班级的氛围变得更加和谐融洽。

　　随着时间的推移，琪琪的变化不仅体现在言谈举止上，更体现在她的内心世界里。她变得更加自信、开朗和善良，用自己的行动诠释着文明礼貌的真正含义。

让娱乐生活成为成长的调色盘

周末的阳光温暖而明媚，微风轻拂，为幼儿园的小操场带来<u>丝丝清凉</u>。金色的光辉洒落在场地上，为即将开始的亲子游园会增添了几分温馨与和谐。小明紧紧攥着妈妈的手指站在一旁，眼神中既有对游戏的渴望，又夹杂着一丝不易察觉的忧虑。作为即将毕业的幼儿园学生，小明深知妈妈对他的期望，妈妈总是希望他能成为最优秀的那一个，这份期望无形中给他套上了一层隐形的枷锁。小明的妈妈非常重视他的学业成绩，每天放学后都会安排各种补习班和练习题，希望小明能在学业上出类拔萃。然而，小明更享受在幼儿园里和小伙伴们一起玩耍的时光，他发现在游戏中能学到许多有趣的知识和技能。

游园会开始后，妈妈一如既往地关注着小明的学习表现，对其他活动显得有些心不在焉。她不时提醒小明要注意观察、多学习新知识，却忽略了与小明共同享受游戏过程的重要性。

随着欢快的音乐响起，家长和孩子们手牵手走进了充满生机的小农场。这里处处展示着生命的神奇。小明兴奋地拉着妈妈的手，指向自己负责的那一小块地。他小心翼翼地拔起一根嫩绿的胡萝卜，眼中闪烁着自豪的光芒："妈妈，你看！这是我自己种的！我还知道胡萝卜要埋在土里，浇很多水才能长大呢！"妈妈说："小明，这很好，但别忘了你的数学作业还没完成。"妈妈的回应让小明有些失落。虽然她表扬了小明的努力，但话语中仍透露出对学业成绩的更高期待。

在"小小建筑师"游戏区前，小明充满期待地拉着妈妈的手："妈妈，我真的很喜欢今天的活动，想和你好好玩一玩。我保证回家后会完成数学作业，可以吗？"

小明妈妈微微皱眉，眼中闪过一丝忧虑："小明，妈妈不是不让你玩，只是担心你现在玩得太开心，以后上小学会跟不上进度。妈妈希望你能提前做好准备，赢在起跑线上。"

小明低下头，声音变得更小了："可是妈妈，老师说快乐也很重要。我觉得在这里和小朋友一起玩，真的很快乐。而且，我也学到了很多东西。"

然而，妈妈却显得有些犹豫："这个游戏能学到什么？我们还是去找些能学知识的活动吧。"

小明认真地解释："妈妈，老师说这个游戏可以锻炼创造力和动手能力，还能学会团队合作。我想和你一起建个小屋。"小明妈妈愣了一下，随即反驳道："那些都是虚的，学习才是硬道理。你现在的主要任务就是学习，其他都是次要的。"亲子间的气氛顿时变得紧张起来，小明低下头，眼眶渐渐泛红。

就在这时，班主任陈老师走了过来，她微笑着对小明妈妈说："小明妈妈，您知道吗？游戏中的学习往往比书本知识更加生动和深刻。孩子们通过亲身体验，能够掌握解决问题的方法，学会与他人合作，这些都是书本上难以学到的重要能力。"

小明妈妈略显迟疑："陈老师，您说的有道理。但我担心如果因为玩耍耽误了学习，将来后悔就来不及了。"

陈老师温和而坚定地回应："您提到的学习进度，确实是我们需要关注的。但值得注意的是，孩子在游戏中培养的观察力、想象力、创造力、特别是解决问题的能力，往往比单纯的知识记忆更能帮助他们适应未来社会的需求。孩子的成长应该是多方面的。游戏不仅能培养团队协作、沟通表达和创新思维等能力，还能在轻松愉快的氛围中激发孩子的学习兴趣，帮他们建立自信心。实际上，生活本身就是一本最好的教科书。"陈老师继续解释道："通过参与家务劳动、观察自然、体验社会，孩子们能够学会负责、感恩、尊重等重要的生活态度和价值观。这些经历将会深刻影响他们的性格形成和人格发展。"

陈老师指向正在搭建小屋的孩子们："您看，他们在快乐玩耍的同时，也在不断尝试和创新。这种探索精神和主动学习的态度，正是我们希望孩子能具备的重要品质。"

小明妈妈的神情渐渐柔和，她开始反思自己的教育方式，意识到自己可能过于注重学业成绩，而忽视了孩子作为完整个体的发展需求。

察觉到小明妈妈态度的转变，陈老师微笑着说："学习是终身的旅程，而非阶段性的任务。我们要引导孩子在享受生活的同时保持对知识的渴望和追求。此外，亲子间的互动和陪伴也是成长过程中不可或缺的一部分。不妨放下焦虑，和小明一起享受这段美好的时光吧。"

这番话让小明妈妈豁然开朗。她蹲下身，认真地看着小明说："宝贝，妈妈之前做得不对。我们一起建小屋吧，妈妈要和你一起享受这个过程。"看着小明充满期待的眼神，小明妈妈内心涌起一丝愧疚，真切地意识到自己可能过分强调学习，而忽略了孩子成长中的其他重要维度。

小明欣喜地拉着妈妈一起投入到游戏中。他们一起挑选材料、设计结构、分工合作，整个过程中充满了欢声笑语。当一座小巧而精致的小屋最终完成时，母子俩相视一笑，眼中洋溢着自豪和幸福。

活动结束后，小明妈妈主动找到陈老师请教："非常感谢您的提醒，让我意识到需要改变教育方式。请问在日常生活中，应该如何引导小明进行学习呢？"

陈老师微笑着回应："不用客气，小明妈妈，'生活即教育'是著名教育家陶行知先生提出的重要教育理念，它深刻揭示了教育与生活之间的内在联系。在当代社会，人们往往将教育局限于课堂，却忽视了生活中蕴含的丰富教育资源。实际上，生活本身就是一个广阔的学习场域，它以独特的方式塑造着我们的认知、情感和行为模式。

"在日常生活中我们可以通过以下几个方面去引导孩子。

"（1）家务参与。鼓励孩子参与家务劳动，如整理房间、洗碗、烹饪等，这些活动既能培养孩子的责任意识和独立能力，又能让他们在实践中学习时间管理、团队协作等实用技能。

"（2）日常决策。在家庭决策中适当征求孩子的意见，如晚餐吃什么、周末去哪里玩等，有助于培养孩子的决策能力，增强其自信心，同时也能让他们感受到自己是家庭的一份子。

"（3）自然观察。利用户外散步、郊游等机会，引导孩子观察植物生长、季节更替等自然现象，激发他们的好奇心和探索欲，同时进行自然科学知识的启蒙。

"（4）社会交往。鼓励孩子与不同年龄、不同背景的人交往，如参与邻里互动、社区活动等，帮助孩子学习社交礼仪、情绪管理等社会技能。

"（5）节日庆典。借助传统节日、纪念日等契机，通过讲述相关故事、参与庆祝活动等方式，向孩子传递文化价值观、家庭传统和道德观念。

"（6）生活挑战。面对生活中的困难和挑战（如生病、遇到挫折等），家长应以身作则，积极应对，同时引导孩子学会坚韧、乐观和感恩，培养他们的逆境适应能力和积极心态。

"（7）共同阅读。选择适合孩子年龄和兴趣的书籍进行亲子共读，这不仅能增进亲子关系，还能培养孩子的阅读习惯和思维能力。

"（8）游戏学习。设计或参与一些寓教于乐的亲子游戏，如角色扮演、拼拼图等，让孩子在游戏中学习新知识、新技能，同时享受学习的乐趣。"

小明妈妈颔首认同："老师，我明白了。除了这些具体方法，还需要营造温馨和谐的家庭氛围，设置专门的学习区域，提供适宜的学习资源。鼓励孩子自主学习和探索，陪伴孩子，与孩子共同成长。"

陈老师欣慰地回应："小明妈妈您能有这样的认识真是太好了。我们应重视生活教育,让孩子实现'在生活中学习,在学习中生活'的良性循环。同时要注重培养他们的时间管理能力,既要保证学习的效率,又要享受生活的乐趣。"

每个孩子都具有独特性,需要家长深入了解其个性特点,尊重个体差异。通过创设兼具学习支持与成长乐趣的环境,相信孩子们定能在健康快乐中获得全面发展。

第五篇 行为习惯

聚焦生活习惯　培养行为规范

生活习惯的培养对孩子的成长发展具有重要作用。良好的生活习惯不仅能促进幼儿身心健康发展，还能培养其生活自理能力和责任感。

早餐时间，大一班的小朋友们在老师的引导下坐在各自位置上安静地吃着早餐。小阳正大口吃着面条，这时一根面条滑落在桌面上，小阳随手抓起面条就往桌子底下扔，并用脚将面条推向对面小萱的位置。小萱发现地板上的面条后，生气地说："小阳，这不是我掉的面条，你为什么推到我这里？我要告诉老师。"小阳满不在乎地回答："你去说啊，面条在你那边，老师不会相信你的。"小萱立即向刘老师报告："刘老师，小阳把掉的面条扔在地板上，还推到我这边。"小阳有些心虚地跟过去辩解："不是我掉的，是小萱掉的。"两个小朋友争论不止，刘老师目睹了事情经过，先安抚两个小朋友的情绪，随后将小阳带到一旁，轻声问道："小阳，面条掉了没关系，但我们应该及时去清理，而不能推到其他小朋友的位置，明白吗？"小阳低下头认错："知道了，刘老师，下次不会了。"

午睡时间，大一班的小朋友像往常一样陆续安静入睡，但小阳迟迟无法入睡。他睁着眼睛，四处张望，时而触碰旁边熟睡的小朋友，时而摆弄被子上的拉链，时而摸摸脸，并不时发出声响。老师轻声提醒："小阳，闭上眼睛，该睡觉了。"小阳睁大眼睛看着老师，双手仍不停地做动作，老师再次提醒，他安静了几分钟，又开始翻来覆去，最终趴着才慢慢睡着。这种状况不是一两天了，几乎每天午睡时小阳都难以入睡，即便躺在床上也会不停翻身、踢被子，甚至偷偷爬起来玩耍。尽管老师多次提醒，他仍无法保持安静。

针对小阳一系列不良的生活习惯，刘老师意识到问题的严重性，于是邀请小阳父亲到幼儿园进行沟通，共同探讨小阳的行为习惯培养问题。

刘老师："小阳爸爸您好！最近我们观察到小阳在幼儿园的生活习惯存在一些问题，主要表现在日常行为规范方面，比如用餐时经常掉落饭菜，午睡时难以安静入睡，阅读后不能及时将绘本归位等。请问小阳在家中的生活习惯怎么样呢？"

小阳爸爸："老师您好！这些情况在家中也时有发生，可能由于我平时工作比较忙，忽视了对他生活习惯的培养。加之作为父亲，自身行为也比较随意，这确实是个令人困扰的问题。"

刘老师："幼儿时期是培养良好生活习惯的关键阶段，虽然在幼儿园我们会注重这方面的教育，但幼儿大部分时间是在家庭中度过的。特别是小阳现在已是大班的孩子了，即将步入小学阶段，不良的生活习惯不仅会影响孩子的学习效果，更会阻碍其品德的发展。因此，家长需要明确自己的责任，帮助孩子养成良好的生活习惯。"

小阳爸爸："您说得很有道理。平时我一个人照顾他，确实在这方面意识不足，还请老师多给予指导。"

刘老师："幼儿良好的生活习惯是指幼儿在科学引导的基础上，通过反复练习形成的、符合幼儿身心发展特点的生活常规及基本的生活自理能力。其中包括良好的卫生习惯、饮食习惯、睡眠习惯等多个方面。培养良好的生活习惯需要从小事做起，从细节入手。"

小阳爸爸认真询问："原来如此。那么具体应该如何培养这些习惯呢？"

刘老师："关于卫生习惯的培养，首先家长要以身作则，注重个人卫生，遵守卫生规范，如勤洗手、勤剪指甲、不乱扔垃圾等。通过发挥示范作用，使孩子更容易接受和模仿这些良好的卫生行为。其次，家长要耐心引导，可以通过讲绘本故事或玩游戏的方式传授卫生知识，如讲述《病菌的旅行》《如果不洗手》《肚子里有个火车站》等优秀绘本故事，让孩子理解卫生习惯的重要性。同时，要及时纠正孩子的不良行为，如咬指甲、用手擦鼻涕等。"

小阳爸爸："老师的建议让我深受启发，以往当他出现这些问题时，我总认为随着年龄增长会自然改善，没想到会产生如此深远的影响。"

刘老师："没关系，发现问题及时纠正就好。建议您为他制订明确的卫生规则，如饭前便后要洗手、不要用手触摸公共物品等。通过这些具体的行为规范，帮助孩子区分卫生与不卫生的行为，逐步养成良好的卫生习惯。"

小阳爸爸："谢谢老师的指导，这些方法都很实用。我会着手培养他的卫生规则意识。那么，关于饮食习惯的培养，您有什么建议？"

刘老师："请问小阳在家的饮食习惯是怎样的？"

小阳爸爸："我们在家用餐时间不固定，吃得比较快。他经常饿了就随意找零食吃，吃饭时也会像您说的经常掉落饭菜。"

刘老师："培养良好的饮食习惯对儿童健康成长至关重要，这是一个需要长期坚持的过程。建议从以下几个方面着手。一是设定固定的用餐时间和地点，营造安静舒适的用餐环境，避免在用餐时进行其他娱乐活动，如边看手机边吃饭，帮助孩子养成专心进食的习惯。二是提供适合儿童使用的餐具，即使初期使用不够熟练，也不要严厉指责，而是鼓励孩子主动清理，同时教导孩子不能浪费粮食，循序渐进地改善掉饭掉菜的问题。三是教导孩子细嚼慢咽，避免狼吞虎咽，这既有助于消化吸收，也能让孩子更好地品味食物。家长的示范作用尤为重要，良好的家庭用餐习惯会潜移默化地影响孩子。"

小阳爸爸："您说得对，饮食习惯的培养确实需要家长以身作则，回去后我一定改正这些不良习惯。"

刘老师:"您有这样的意识非常好,睡眠习惯同样不容忽视,良好的睡眠习惯对儿童生长发育至关重要。针对小阳的睡眠问题,建议在家中也要让他坚持午睡。"

小阳爸爸:"小阳在家基本不午睡,由于晚上睡得比较晚,早上又经常睡懒觉,所以到中午他就睡不着了,久而久之干脆就不让他午睡了。"

刘老师:"建议从以下几个方面改善。首先,为孩子设定固定的作息时间,确保每天按时入睡和起床,帮助孩子形成规律的生物钟。其次,营造安静舒适的睡眠环境,确保孩子的卧室温度适宜、光线柔和,选择符合孩子身体需求的床具。同时要减少噪声干扰,如关闭电子设备等。如果孩子初期抗拒午睡,家长需要给予充分关爱和耐心引导,循序渐进地培养其午睡习惯。"

小阳爸爸:"感谢老师的详细指导。我家孩子比较调皮,睡眠习惯的培养可能是一场持久战了。"

刘老师:"确实,良好习惯的养成需要持之以恒。睡眠习惯的培养不仅关系到孩子的身体健康,更是培养孩子自律性和独立性的重要环节,对孩子未来的学习和生活都具有深远影响。此外,我们还需要关注孩子自理能力的培养。目前观察到小阳在幼儿园的自理能力有待提高,主要表现在玩具和图书不能及时归位、被子叠放不整齐、学习用具整理不到位等方面。"

小阳爸爸:"是的,老师。这些情况在家中也经常出现,需要我们反复提醒。"

刘老师:"培养生活自理能力可以从以下几个方面着手。一是可以帮助孩子制订一份假期计划表或每日作息表,通过合理规划时间提升生活效率。作为大班幼儿,小阳每天需要完成的基本自理事项包括穿衣、洗漱、如厕、用餐、整理图书和玩具等。在此基础上,还可以适当增加一些力所能及的家务劳动,如洗手帕、摆碗筷、洗水果、浇花等。将这些'小任务'纳入日常计划,既能充实孩子的生活,又能有效锻炼其自理能力。二是可以通过游戏的方式激发孩子的兴趣，如开展'小小整理师'角色扮演活动，让孩子在游戏中学习物品整理。三是家长需要耐心教授具体的生活技能，如正确洗手、系鞋带、叠被子等，通过示范和分步讲解，帮助孩子掌握基本的生活自理能力。"

小阳爸爸："非常感谢老师的建议，今天的收获颇多，回去后我会立即实践这些方法，循序渐进地培养小阳的良好生活习惯。让您费心了。"

刘老师："您太客气了。培养孩子良好的生活习惯，仅靠幼儿园的教育是远远不够的。如果家庭与幼儿园的要求不一致，很难帮助孩子形成稳定的行为习惯。希望今后我们能保持密切沟通，共同探讨孩子的教育问题，实现家园共育。"

经过与小阳爸爸的深入交流，小阳的生活习惯有了明显改善，幼儿园里关于其行为习惯的投诉也越来越少了。

需要强调的是，幼儿良好生活习惯的养成，既需要教师的专业引导，也离不开家庭的长期熏陶。希望家长们能够积极行动起来，用耐心和爱心铸就孩子美好的未来！

卫生习惯不能马虎了事

身体健康与卫生习惯之间存在着密不可分的关系。著名教育家叶圣陶曾指出："教育就是培养习惯。"其中，良好的卫生习惯是维护身体健康的重要基石，对幼儿的发展尤为关键。

清晨的阳光洒在幼儿园院落里，色彩斑斓的墙壁和明亮的窗户显得格外醒目。几只小鸟在树梢间跳跃，发出清脆的鸣叫声，似乎在和幼儿园里的小朋友们打招呼。

幼儿园的教师们早已开始了一天的准备工作。她们身着整洁的工作服，面带亲切的微笑，各自忙碌着，有的在整理教室，有的在准备早餐，还有的在门口迎接即将到来的小朋友们。

随着时间的推移，小朋友们陆续到园，他们穿着干净整洁的园服，背着可爱的小书包，在爸爸妈妈的陪同下蹦蹦跳跳地走进幼儿园。

在二楼的教室里，大一班的李老师身着粉色连衣裙，正用温柔而富有磁性的声音为孩子们讲述充满奇幻色彩的童话故事。小朋友们围坐在老师身旁，时而发出惊叹，时而欢笑。阳光透过窗户，洒在孩子们纯真的脸庞上，营造出温馨的氛围。

小凯正专注地听着，这时小文凑过来与他说话，小凯皱起眉头说："你嘴巴好臭啊！"小文听后很不高兴，立即反驳："你嘴巴才臭呢！"随后，小文转向小丽，小丽也捏着鼻子说："小文，你今天刷牙了吗？"小文生气地辩解："我刷过了！"说完便转身去找好友小军。

小军正在角落独自玩积木，小文气呼呼地跑过去说："我们不要和小凯、小丽玩了。"小军闻到小文呼出的口气，也不禁皱了皱眉头说："小文，你嘴巴确实有味道。"

小文听了小军的话，终于忍不住了："我不和你们玩了。"说完便冲出教室，正好撞见刚进门的庆老师。

庆老师见状，立即追上前去，轻轻拉住小文的手，关切地问道："小文，发生什么事了？"小文抬起头，眼中噙着泪水，委屈地说："他们都不愿意和我玩。"

庆老师蹲下身，用纸巾轻轻拭去小文眼角的泪水，耐心询问事情的缘由。小文抽泣着讲述了刚才发生的事情。听完后，庆老师温和地问道："小文，你悄悄地告诉老师，今天刷牙了吗？"小文低着头，小声回答："没有。"庆老师继续引导："是因为起床太晚了吗？"小文摇摇头："不是的，妈妈早上叫我刷牙，我偷懒没有刷。"庆老师循循善诱："你看，因为没刷牙，小朋友都不愿意和你玩了，现在该怎么办呢？"

小文低着头，神情沮丧："老师，我不知道。"

庆老师微笑着抚摸着小文的头，轻声说道："小文，你知道吗，我们每天吃的食物，特别是甜食，会黏附在牙齿表面。如果不及时清洁，这些食物残渣就会在口腔里发酵，产生异味。这样和别人说话时，就会散发出不好的气味。"小文听后，羞愧地低下头。庆老师接着问："如果其他小朋友和你说话时嘴里有异味，你愿意和他玩吗？"小文立即摇头："不愿意。"

庆老师微笑着点头："这就是大家不愿意和你玩的原因。不过没关系，我们可以改正这个习惯。只要坚持每天刷牙，保持口腔清洁，小朋友们就会愿意和你玩了。"

小文若有所思地抬起头，认真地说："老师，我知道了。"

"那我们现在就去刷牙，然后再找小朋友们玩，好吗？"庆老师提议。小文欣然同意，跟随老师回到教室。

在盥洗室里，小文站在镜子前，取出自己的牙刷，挤上适量牙膏，开始认真刷牙。庆老师在一旁耐心指导正确的刷牙方法：上下刷、内外刷，以及牙齿间隙的清洁要领。小文专注地按照指导操作，将每一颗牙齿都刷得干干净净，不一会儿，口腔里就充满了清新的薄荷香味。

刷完牙后，小文对着镜子检查，看到洁白而光亮的牙齿，露出了满意的笑容。她转身问道："老师，我刷得干净吗？"庆老师微笑着点点头，赞许道："刷得很干净，现在口气清新多了，小朋友们一定会喜欢和你玩的。"

小文开心地回到教室。看到正在玩耍的小伙伴们，他主动走到小凯和小丽面前，自信地说："我现在不臭了，可以和我玩吗？"

小凯和小丽抬起头看向小文。小凯怀疑地说："我才不信呢。"小文急切地解释："是真的，我刚刷过牙。"小丽将信将疑地走到小文面前，小文立即张大嘴巴哈了一口气。小丽开心地对小凯说："小凯，小文真的不臭了。"小凯放下玩具也凑到小文面前闻了闻，笑着说："真的不臭了。"小文开心地跑到小军身边，兴奋地说："小军，我现在不臭了，可以一起玩吗？"小军看着小文灿烂的笑容和洁白的牙齿，微笑着点头："当然可以。"说完便放下积木，和小文一起玩了起来，教室里回荡着欢快的笑声。

下午放学时，庆老师向小文妈妈详细说明了因未按时刷牙导致小朋友不愿与小文玩耍的情况，以及后续的教育引导过程，同时建议家长做好示范和督促工作。

小文妈妈听后深感自责。她回想起自己每天早上催促小文刷牙的情景，总是因为时间匆忙或小文的抵触而不了了之。她意识到自己的疏忽给小文带来了不必要的困扰，更影响到了小文与同学们的关系。正是自己的这种疏忽，才导致了小文今天的尴尬和失落。

小文妈妈紧紧握住庆老师的手，诚恳地说："谢谢您的提醒，庆老师。

我确实没想到刷牙习惯会对孩子的社交产生这么大影响。从今天起，我一定会严格督促小文保持口腔卫生。"

庆老师温和地回应："没关系，小文妈妈。孩子的习惯养成需要我们的共同努力。只要我们坚持正确引导，相信孩子们都能养成良好的生活习惯。"

小文妈妈牵起孩子的手，温柔地说："小文，我们回家吧。以后妈妈每天都会陪你一起刷牙，让我们的牙齿都干干净净的，好吗？"

小文开心地点头："好的，妈妈。我要天天刷牙，让大家都喜欢和我玩。"

当晚，小文妈妈特意为小文准备了温水、牙刷和牙膏，郑重地告诉小文这将作为他们每日的固定活动。小文坐在小板凳上，看着妈妈挤好牙膏后，便按照老师教导的方法认真刷牙：上下刷、内外刷，特别注意牙齿间隙的清洁。不一会儿，清新的牙膏香味便充满了口腔。

刷完牙后，小文对着镜子仔细端详，发现牙齿变得洁白而光亮。他转向妈妈，展露灿烂的笑容问道："妈妈，您看我刷得干净吗？"

小文妈妈微笑着点点头，夸奖道："刷得真干净，我们的牙齿都白白净净的，真好。"自此以后，小文养成了每天早晚认真刷牙的好习惯，他会认真地清洁每一颗牙齿。他不仅养成了良好的口腔卫生习惯，还成为幼儿园的榜样，主动提醒其他小朋友按时刷牙。渐渐地，小文的朋友越来越多，大家都喜欢与他玩耍，因为他总是展露出洁白的牙齿和灿烂的笑容。这种积极的社交反馈让小文变得更加自信开朗，充分享受着与朋友们相处的快乐时光。

目睹孩子的转变，小文妈妈深感欣慰。她深刻认识到，良好的个人卫生习惯对幼儿的社交发展具有重要影响。整洁的外表和清新的气息能帮助孩子获得同伴的接纳与喜爱，从而建立良好的人际关系。相反，卫生习惯较差的幼儿可能因个人形象问题而遭遇社交障碍。社交中受到的排斥不仅会影响他们的心理健康，更可能导致社交能力发展滞后。这一认知促使她更加重视对孩子日常卫生习惯的培养。

养成"悦"读好习惯

英国戏剧大师莎士比亚曾说:"书籍是全世界的营养品,生活里没有书籍,就好像大地上没有阳光;智慧里没有书籍,就好像鸟儿没有翅膀。"幼儿园遵循《幼儿园教育指导纲要》和《3~6岁儿童学习与发展指南》的要求,为幼儿创设优质的阅读环境。阅读区内,各类绘本琳琅满目,搭配舒适的小沙发、有童趣的小帐篷、云朵造型的小桌子以及可爱的泰迪熊玩偶,共同构成了一个寓教于乐的阅读空间。孩子们在这里快乐阅读,在阅读中成长,这个温馨的阅读环境深受幼儿喜爱。

初夏小满时节,吴老师与大一班的孩子们相约阅读室。在吴老师的引导下,孩子们井然有序地进入室内,他们十分好奇,满心欢喜,各自挑选着心仪的绘本,找寻着钟爱的角落。有的孩子在阁楼的小椅子上结伴而坐,沉浸于书海;有的在地毯上靠着小熊玩偶,悠然自得地翻阅;有的在小沙发上享受阅读的乐趣;还有的在楼梯上与同伴分享着绘本中的精彩故事。看着孩子们积极探索、学习阅读技巧,并学会分享与合作,吴老师用手机记录下这温馨美好的时刻,将视频发送至班级群,获得了家长们的点赞和好评。

活动结束后，吴老师收到小航妈妈的私信："老师，小航在幼儿园看书那么专注，但在家却完全不专心，这是什么原因呢？"吴老师回复道："建议您放学后抽空来园参加家长学校沙龙活动，我们一起探讨如何培养孩子的阅读兴趣。"

离园活动结束后，吴老师邀请小航妈妈来到家长学校沙龙活动室。小航妈妈焦虑地说："老师，小航今天的表现让我很意外，他在家从不认真看书，只喜欢玩平板电脑，怎么劝说都不听。"吴老师宽慰道："您别着急，今天我们就是要一起分析原因，帮助小航养成良好的阅读习惯。"

吴老师进一步询问："您平时工作比较忙吧？在家会陪孩子一起阅读吗？"小航妈妈无奈地回答："之前我给小航买了很多书，也陪他读过，但他新鲜劲儿过了就不感兴趣了。现在我工作忙，下班还要做家务，没时间管他，他回家来后就自己玩玩具、看电视或玩平板电脑。"

吴老师语重心长地说："孩子的成长需要家长的陪伴，无论工作多忙，都应该抽出时间陪伴孩子。"小航妈妈点头回应："是的，我现在意识到自己忽视了陪伴小航学习的重要性。现在开始培养他的阅读习惯还来得及吗？"

吴老师鼓励道："培养阅读习惯什么时候开始都不晚。阅读能有效提升孩子的语言组织能力和表达能力，通过接触丰富多彩的故事内容，孩子可以学习到丰富的词汇和多样的表达方式。在朗读和理解故事的过程中，孩子的语言表达能力会逐步提高，并能学会用准确的语言表达自己的想法。此外，幼儿时期的阅读还能拓宽孩子的知识面，开阔视野。"

小航妈妈恍然大悟："原来幼儿时期的阅读这么重要。以前我总觉得随孩子兴趣就好，没有刻意培养。请问具体应该怎么做才能让小航爱上阅读呢？"

吴老师解释道："培养良好的阅读习惯需要持之以恒。首先要为孩子营造良好的阅读环境。一个舒适的阅读环境非常重要，可以在家中设置专门的阅读区，选择安静明亮的角落，摆放舒适的桌椅，并在家中放置一些适合孩子的书籍，让孩子随时都能接触到书本。这样的环境能让孩子静心阅读，不受外界干扰。"

小航妈妈表示认同："我会在家里为小航布置专门的阅读区，配备他喜爱的桌椅。"

吴老师进一步询问："您和小航爸爸平时有阅读的习惯吗？"小航妈妈略显尴尬地回答："我们工作比较忙，下班做完家务后通常就玩手机，很少看书。"

吴老师耐心劝导："您已经认识到阅读对孩子学习的重要性，但作为父母，如果自身没有阅读习惯，每天只是玩手机，孩子自然难以对书籍产生兴趣。家长的示范作用很重要，如果长期处于缺乏阅读氛围的环境中，孩子的阅读习惯很难培养起来。"

小航妈妈诚恳地说："老师说得对。以后我们会尽量放下手机，抽时间陪孩子一起阅读。不过我之前买的书小航都不爱看了，请问该如何选择适合他的读物呢？"

吴老师回答道："小航在幼儿园能够专注阅读，主要是因为园内提供的绘本都经过老师们精心挑选，既符合幼儿的认知水平，又能激发他们的阅读兴趣。在为孩子选书时，我们应当以促进孩子成长为目标。具体来说，首先要了解小航的兴趣爱好，选择相关主题的书籍。如果他喜欢动物，可以选购动物题材绘本；若对科学感兴趣，则可选择科普类读物。同时，要结合大班幼儿的年龄特点，选择与其认知能力和阅读水平相匹配的图书。"

小航妈妈感激地说："老师说得对，我确实很久没有更新小航的书籍了。今晚我就上网选购各类图书，包括故事绘本、科普读物和经典文学作品。那么，选好书后该如何培养他的阅读兴趣呢？"

吴老师建议道："可以通过亲子共读来培养孩子的阅读兴趣。家长要以身作则，为孩子树立阅读榜样。在共读过程中，可以与孩子讨论故事情节，引导他分享最感兴趣的部分，启发思考。还可以对书中人物进行分析，发掘每个人物的闪光点。鼓励孩子分享阅读感受，这也是提高他阅读兴趣的一个有效方法。日常生活中，可以就孩子近期阅读的书籍展开讨论，交流彼此的看法。这样不仅能加深孩子对内容的理解和记忆，更能让他体会到阅读的乐趣。此外，还可以鼓励小航在幼儿园或家中分享读过的有趣故事，让他通过分享获得成就感。"

小航妈妈问道："除了陪伴阅读和鼓励分享，还有什么方法能帮助孩子养成主动阅读的习惯呢？我平时工作较忙，担心难以兼顾。"

吴老师耐心地提出几点建议："第一，与孩子共同制订阅读计划。根据家庭作息安排固定的阅读时间，建议每天至少保证半小时。可以选择放学后或睡前时段，在这段时间内不安排其他活动，让孩子专注阅读。初期可由家长引导，逐渐培养其自主阅读习惯。第二，采用互动式阅读方法。通过让孩子复述故事、扮演角色等方式增加趣味性。当孩子能够自主阅读时，要及时给予鼓励，增强其自信心。第三，善用多媒体资源辅助阅读。可以播放有声故事培养兴趣，再引导孩子阅读相关书籍，拓展阅读形式。第四，注重培养专注力。在阅读时创造安静环境，避免干扰，帮助孩子深入理解阅读内容。第五，培养幼儿阅读习惯的关键在于及时给予正向反馈与鼓励。当孩子完成阅读任务后，家长应当适时给予积极评价和肯定，让孩子感受到自己的努力获得了认可，从而激发阅读兴趣，逐步形成良好的阅读习惯。"

在幼儿阅读能力培养过程中，家长的示范作用至关重要。幼儿具有极强的模仿能力，会在日常生活中潜移默化地学习家长的言行举止。因此，家长不仅是孩子生活的照料者，更是他们成长道路上的重要引导者。家长的阅读习惯和对书籍的热爱，都将成为孩子效仿的榜样，激励他们主动探索书中的奥秘。

幼儿阅读习惯的培养是一项长期而系统的教育工程，既需要家长的持续关注和耐心引导，也离不开教师的专业指导和积极鼓励。家校双方应保持教育理念的一致性，协同合作，共同探索更符合幼儿特点的阅读指导方法。通过家校的密切配合，不仅能显著提升幼儿的阅读能力，更能促进其身心健康、语言表达、社会交往等多方面能力的全面发展。

园长讲育儿故事——献给优秀的父母

探究 | 习惯

让科学探究的种子在孩子心中生根发芽

幼儿园自主游戏时间到了，这是孩子们最期待的活动环节。在教师的引导下，孩子们手持进区卡，有序地进入各自选择的游戏区域。他们认真地准备材料，找到合适的位置坐下，逐渐投入到自主游戏状态中。

两位老师站在教室的对角位置，以温柔的目光持续关注各个区域的游戏情况，细致观察每个孩子的活动表现，以便适时提供必要的指导和帮助。

突然，科学区传来争执声。一位老师循声走去，发现小涵和小皓正涨红着脸争论不休。老师蹲下身，轻轻将手搭在两个孩子的背上，柔声询问："小涵、小皓，发生什么事了？"小涵撅着嘴，委屈地说："老师，我们正在做实验，明明分工了，可小皓不配合，总是捣乱，把我们刚完成的实验破坏了……"老师转向小皓，发现他低着头，默不作声。

老师温和地说："小涵，老师知道了。让我先和小皓谈谈好吗？"小涵的情绪明显平复了些，轻轻点头。老师对小皓说："小皓，老师知道你已经意识到刚才的行为不太妥当，对吗？"小皓低声回答："老师，我错了。我就是觉得好玩，不小心弄坏了，其实我也想和大家一起玩。"老师继续引导："小皓，如果想和大家一起玩，就要遵守规则，控制好自己的行为，可以做到吗？"小皓肯定地回答："我可以。"老师又征询小涵的意见："小涵，小皓认识到错误了，愿意改正，我们再给他一次机会好吗？"小涵欣然同意。在老师的调解下，孩子们重新投入到游戏中。

为什么小皓虽然充满好奇，却难以深入探究，反而表现出破坏行为呢？这可能与其家庭环境有关。为此，老师与小皓妈妈进行了深入沟通，希望达成家园共育的共识，共同促进孩子的健康成长。

老师："小皓妈妈您好！我们发现小皓在幼儿园做游戏时专注力较差，请问他在家的表现如何？"

小皓妈妈："我们夫妻工作繁忙，主要由爷爷奶奶照顾小皓。每天放学后，我们还没下班，爷爷奶奶既要准备晚餐，又要照顾妹妹。小皓只能自己玩，但妹妹很好动，经常调皮捣蛋，喜欢抢东西，还很喜欢看电视。爷爷奶奶为了哄妹妹，常常把电视音量开得很大。小皓被打扰到就会发脾气，摔东西，对爷爷奶奶也不太礼貌。为了安抚他，爷爷奶奶总是尽量满足他的要求。"

老师："看来小皓在家和在园的表现差不多，在园也有这种情况。"

小皓妈妈："确实如此。我在陪伴小皓时也注意到了这个问题。他非常喜欢玩乐高，但专注时间有限。妹妹年龄尚小，经常跑来干扰，每次妹妹出现就会打断他的游戏，导致他情绪失控。有时候我也很着急，既担心小皓受到影响，又不知如何妥善处理，内心十分矛盾。"

老师："您不必过于焦虑。今天我们约您沟通的目的，正是希望与您共同探讨解决方案。幼儿阶段的孩子普遍具有强烈的好奇心和求知欲，小小年纪就有"科学梦"，这是培养他们科学探究精神的黄金时期。我们需要为孩子创造适宜的条件，支持和引导他们进行自主探究，从而在孩子心中播下科学的种子，帮助他们获取知识、发展能力。"

小皓妈妈："您说得对。起初看到小皓专注玩乐高的样子，我感到很欣慰。但这种状态往往难以持续，很快就会出现情绪问题。作为家长，我该如何帮助孩子呢？"

老师:"您已经注意到一个关键现象,为什么孩子开始时能够专注探究,随后却难以持续?这反映了什么问题?"

小皓妈妈:"主要是受到妹妹的干扰。如果没有干扰,他的专注时间可能会长一些。"

老师:"您的观察很准确。首先,孩子表现出强烈的好奇心和求知欲,这是他的天性,说明他具备探究的欲望。其次,孩子探究的过程极易受环境影响。如果经常被打断或不获支持,不仅会浇灭其探究热情,还会压抑他的天性,不利于个性化发展。因此,我们需要在确保安全的前提下,为孩子创设宽松、自由、安静且安全的探究环境。最后,良好的亲子关系也至关重要。家长应当鼓励孩子积极发问、表达自己的想法和发现,消除其顾虑,让孩子在日常生活中切实感受到科学探究的乐趣。"

小皓妈妈:"您分析得很透彻。现在的家庭环境确实不利于孩子专注探究,我会尽力改善,至少减少干扰因素。"

老师:"除了环境因素,还有其他影响孩子认真探究的因素值得思考。例如,为什么小皓偏爱乐高而非其他的玩具?单一兴趣爱好对孩子探究能力的培养是否有利呢?"

小皓妈妈:"您提出了一个重要问题。家中玩具种类繁多,但他唯独喜欢乐高,而且非要买乐高,有时还会与家长产生争执。"

老师:"这涉及探究材料的选择问题。孩子正处于通过感官体验积累生活经验的阶段,探究材料和环境对其发展具有重要影响。选择具有探究价值的材料时,需注意以下几点。首先,必须确保材料的安全性,家长应仔细阅读使用说明,并向孩子说明材料的使用方法。其次,投放材料应以幼儿的生活经验为基础,选择与其生活实际密切相关的材料,这将显著提高探究效率。再次,丰富多样、趣味性强的材料能够激发孩子的探究兴趣,促使他们在兴趣驱动下完成更复杂的科学探究。单一的探究材料显然不利于孩子探究能力的发展。最后,探究材料不仅限于玩具,大自然本身就是最好的'材料'。家长可以带孩子观察自然现象,感受季节变化,了解动植物的生长规律。这些自然现象蕴含着丰富的科学知识,对孩子具有较高的探究价值。在探究过程中，孩子不仅能认识自然界的奥秘，还能培养环保意识，学会尊重和保护自然。"

小皓妈妈："您说得对。玩具确实是促进孩子发展的重要媒介，但必须确保安全性——过于锋利的玩具可能对孩子的身体造成伤害，体积太小的玩具存在误食风险。单一的玩具类型也不利于孩子多方面能力的发展。我会重新审视家里的玩具配置，并在节假日多带孩子进行户外活动。"

老师："很好！我们继续探讨如何培养孩子更广泛的探究兴趣。例如，小皓偏爱乐高，如何引导他对其他玩具也产生兴趣？"

小皓妈妈："这正是我想了解的，希望能获得专业的指导。"

老师："关键在于尊重孩子的探究行为，确保其获得积极的探究体验。现实生活中，许多家长常常无意中打断或限制孩子的探究行为，如用'该吃水果了'或'太脏了！不要玩了''这个没什么好玩的'等理由中断孩子的探索。更值得注意的是，当孩子试图分享自己的发现时，一些家长未能给予充分关注，用'我知道了''这有什么好说的''你以为这是什么重大发现啊'等回应挫伤孩子的表达欲望。这样的态度会削弱孩子的探究热情。"

小皓妈妈："确实如此。我也经常犯类似的错误，难怪孩子的探究兴趣不高，持续时间也不长。老师，您认为应该如何改善这种情况呢？"

老师："其实方法并不复杂。所谓尊重，就是要给予孩子充分的探究时间和空间，避免干扰或中断其探究行为。当孩子完成探究后，自然会停止。在孩子表达发现和想法时，家长只需给予积极回应'哦，是吗''哇，原来是这样''你的想法很有创意'等。如果孩子提出问题，应鼓励他通过实践寻找答案。简而言之，要培养孩子的科学探究精神，家长需要满足其探究需求，提供充足的探究时间，确保孩子获得良好的探究体验。"

小皓妈妈："非常感谢！我知道该怎么做了，回去后会认真尝试。再次感谢老师的指导！"

老师："不客气，孩子的成长需要家校共同努力。最后需要说明的是，构建合理的探究框架需要专业知识和方法，这是教师的职责，但家长了解后能更好地配合我们的工作。具体而言，我们要引导孩子按照步骤进行探究，使其掌握科学的方法和技能，逐步形成科学探究的习惯。家长不仅要陪伴孩子做游戏，更要在游戏中保护孩子的好奇心和求知欲，让其体验科学探究的乐趣并获取知识。在幼儿园，我们会在探究活动前帮助孩子构建合理的探究框架，引导他们学习观察、实验、调查等科学方法，培养良好的探究习惯。唯有如此，才能真正培养孩子的探究能力，让科学的种子在孩子心中生根发芽。"

总之，培养孩子的科学探究习惯是一个长期的过程，需要老师和家长通力合作，为孩子创造良好的探究环境，引导他们积极探索、勇于创新，培养其科学精神。

巧"语言" 懂礼貌

语言作为人类重要的沟通工具，不仅是思想和情感的表达载体，更影响着人际交往的互动效果。对处于成长关键期的幼儿而言，语言运用能力的培养尤为重要，不当的言语表达可能引发诸多负面效应，给自己和他人带来麻烦。

在一个周末，李老师到小阳家做客。4岁的小阳正在玩玩具，小阳妈妈突然喊道："还不快点把玩具收起来，磨磨蹭蹭！"小阳噘着嘴大声嚷道："屁妈妈！"小阳妈妈眉头紧锁："谁教你这么说的？一点礼貌都没有！"令人意外的是，小阳不仅没有收敛，反而变本加厉地喊着："屁妈妈加油！屁妈妈放臭屁！大臭屁！"说完还哈哈大笑起来。小阳妈妈双眼瞪得溜圆，眉头紧锁，呼吸急促，显然已处于愤怒爆发的边缘。然而，小阳妈妈的愤怒反应似乎更加激发了小阳的叛逆行为。就在小阳妈妈拿起衣架准备教训孩子时，李老师立即上前劝阻："光靠打骂是没用的。我们应该先了解孩子为什么会出现这种行为，再让他明白为什么不能这样说。"小阳妈妈深吸一口气，将小阳拉到身边，语气平和地问道："小阳，告诉妈妈为什么要这么说？"小阳一脸茫然地站在原地。妈妈继续耐心解释："你刚才的行为很不礼貌，不能说这些脏话，记住了吗？"小阳似懂非懂地点了点头。

　　李老师蹲下身，轻声问道："小阳，你刚才那样说，是因为你觉得好玩，还是因为妈妈叫你收拾玩具你不高兴呢？"小阳看着李老师回答："因为好玩，我的好朋友小伟也这样说过。"李老师温和地说："可是，听到这样的话会让人很不舒服。这样的词语会伤害别人，但我知道你并不想伤害别人，因为你是善良、懂礼貌的孩子对吗？"小阳点了点头，认真地说："我以后不会说了，因为这是一种不礼貌的行为，会让别人不开心。"李老师补充道："没错，你的妈妈听到你这样称呼她，她也会难过。那么，你是不是可以抱抱妈妈，并向她道歉呢？"小阳听后，走到妈妈身边说了一声"对不起"，并紧紧地拥抱了她。

　　小阳妈妈对李老师说："还是您有办法，不知从何时起，小阳总是将'屁'挂在嘴边，为此我也十分苦恼。"李老师问："您认为小阳出现这种情况的原因是什么呢？"小阳妈妈答道："我想大概是受其他小朋友的影响吧，他可能并不清楚这些话语的实际含义，只是单纯觉得有趣而已。"李老师回应道："确实如此，随着年龄增长，孩子会发现某一句话能表达一个意思，这个发现会促使他开始反复使用某些句子。随后，孩子又发现语言本身具有力量，特别是在觉察到父母对此表现出惊恐或不安时，这种认知愈发深刻。因此，他们会格外关注并热衷于运用这类词汇，以此试探自身能力，观察他人的反应。成年人往往对孩子的这类用语极为敏感，一听便情绪激动，将其视为洪水猛兽，但实际上，孩子未必真正理解这些话的含义，也不清楚他人听后会有何感受，仅仅是觉得好玩罢了。此外，这个阶段的孩子普遍擅长观察、模仿与学习，在与同伴互动的过程中、在日常生活中以及通过电视等媒介，他们接触到此类语言及其带来的效果，进而加以模仿。"

　　小阳妈妈点头道："您的观点我完全认同。有一次，我听见他在与其他小朋友玩耍时的对话：'你是猪屁屁！''你是狗屁屁！''你是大臭屁！'两人你一句我一句，越说越起劲，说完还不停地哈哈大笑。"

　　李老师说："实际上，出现此类现象，正是由于孩子的'诅咒敏感期'

来临了。这是他们在语言认知发展阶段中的一个重要阶段。这个时期的孩子会发现某些语言具有特殊的影响力，尤其是当他们说出所谓的'恶语'时，往往会引发他人的强烈反应。这种现象越受到压制，孩子反而越倾向于频繁使用。孩子表现出此类行为，通常是出于引起关注、表达情绪、模仿他人或单纯觉得新奇好玩的心理。"

小阳妈妈回应道："原来如此，难怪有时我越是制止，他却表现得越兴奋。"

李老师进一步解释道："确实如此。当孩子处于'诅咒敏感期'时，父母的态度尤为重要。如果孩子说出脏话或侮辱性语言，父母反应过于激烈，则孩子可能会将此视为一种游戏，甚至是一种针对父母的'恶作剧'，从而导致问题更加严重。倘若孩子故意使用脏话，是为了测试你的反应，那么你可以选择冷处理，假装没有听见。例如，有些孩子喜欢说'滚'，此时父母若能保持冷静，孩子便会自行失去兴趣，转而专注于其他事情。因此，当孩子进入'诅咒敏感期'并说出脏话时，父母需要控制自己的情绪，避免过度反应，让孩子明白说脏话并无乐趣可言，如此一来，他们便不会对此产生浓厚的兴趣。"

李老师继续说道："与此同时，面对孩子的诅咒语言，父母的心态同样关键。要认识到，孩子的'诅咒敏感期'只是其语言发展过程中的一部分，是他们尝试表达情感、探索语言界限的一种方式。这并不代表孩子真的怀有恶意或刻意针对父母，而是他们在学习如何运用语言。冷处理是一种行之有效的策略。当孩子说出带有诅咒性质的语言时，父母无须过度反应或严厉批评，因为这可能会强化孩子的不当行为。相反，父母应保持镇定，减少对孩子此类言行的关注，使孩子意识到这种语言无法达到他们期望的效果。

"除此之外，也可以尝试通过积极的语言回应来引导孩子。例如，当孩子因情绪不佳而说出'臭妈妈'之类的话时，妈妈可以回应：'不是臭妈妈，而是香妈妈，就像你一样香。'这种回应不仅转移了孩子的注意力，还向孩子传递了积极正面的信息。同时，父母的良好语言习惯也能成为孩子的模仿对象，帮助他们学会用恰当的方式表达自我。"

小阳妈妈听后表示："我明白了，我会尝试这种方法。那么，作为父母，我们该如何妥善应对孩子的'诅咒敏感期'呢？"

李老师回答道："父母可以通过游戏的形式帮助孩子顺利度过'诅咒敏感期'。'诅咒敏感期'是每位儿童成长过程中必然经历的一环，我们需要尊重并理解这一自然现象。在协助孩子合理应对相关行为时，可以为其设定适当的界限。如利用孩子喜爱游戏的天性，在虚拟的游戏世界中允许此类语言的存在，从而使孩子能够在轻松愉悦的氛围中完成这一阶段的过渡。

"（1）设置'诅咒语言'的界限，明确什么场合不能说。若孩子将脏话当作游戏来玩，且这种行为已经影响到了他人，我们可以通过与孩子约定'大臭屁时间'的方式，允许其在特定的时间段和空间内自由使用此类语言作为游戏的一部分。同时，必须让孩子明白，在其他时间和场合中，这些语言是不被接受的。而且要明确告知孩子，他人会反感此类语言，并阐述其可能对他人造成的伤害。通过这种方式，逐步引导孩子理解语言的影响力及其在不同情境下的适用性。

"（2）使用比'诅咒语言'更有力量的游戏词语。如果孩子只是为了引起成年人的关注而使用'诅咒语言'，那么可以尝试用其他具有游戏性质的词语加以替代。实践中我们会发现，孩子所关注的并非词语本身，而是语言互动中他人的反馈。"

小阳妈妈说："我非常认同您的观点，孩子的确对游戏充满兴趣。但如果孩子在非游戏场景中仍使用'诅咒语言'，我是否应当立即制止，并向其解释道理？还有其他更优的解决办法吗？"

李老师回应道："当孩子使用'诅咒语言'时，由于其尚不具备足够的辨别能力，这就需要父母予以正确引导。可以从问题根源入手，采取冷处理、正面教育、树立榜样、制订规则等手段，以科学的方法陪伴孩子顺利度过这一阶段。"

小阳妈妈说:"我明白了,应深入了解孩子为何会说出这些词语,剖析其背后的原因,再向孩子表达我们的感受,帮助其学会共情,培养他尊重他人的意识。"

李老师说:"是的,我们还可以结合以下几种方法来引导孩子。

"(1)培养孩子的共情意识。当孩子使用'诅咒语言'时,父母不应立即表现出愤怒或进行严厉斥责,而应允许孩子充分表达自己的想法和感受,并深入分析其背后的具体原因。例如,当孩子说出'给屁屁倒水'这样的话时,父母在表达不满态度后,可以进一步询问孩子为何选择'屁屁'而不是'我'作为表述对象,是为了寻求乐趣、发泄情绪,还是出于其他动机。待孩子清晰表达内心感受后,父母可根据其情绪状态做出相应处理,并强调说脏话会伤害自己所爱之人。可以这样对孩子说:'宝贝,你刚才那样说,是不是因为你感到难过或生气?'与此同时,父母还需明确表达自身的感受。告诉孩子,当他们使用不适当语言时,父母同样会感到伤心或不适。通过这种方式,让孩子意识到自己的言行会对他人产生影响,从而帮助他们建立初步的责任感。

"(2)引导孩子学会表达情绪。在日常生活中,父母应有意识地引导孩子学会用适当的词语表达情绪。例如,当孩子因够不着柜子上的画笔而焦急时,可以说:'柜子太高了,我拿不到画笔,现在感觉特别着急。'当孩子渴望玩某个玩具却未能如愿时,可以说:'我也很想玩这个玩具,但你不愿意分享,让我觉得很失望。'当孩子出现说'诅咒语言'的行为时,父母可以及时提醒他:'下次遇到类似的情况,你可以这样表达自己的心情,别人就能明白你的意思了。'

"父母需洞察孩子行为背后的期待,进而引导其以正确方式表达情绪,如:'你刚才说脏话,是因为感到生气吗?为什么会有这样的感觉呢?''你为什么要和爸爸妈妈对着干?是希望我们多陪你玩吗?'

"除了引导孩子表达情绪外,父母还应认可并接纳孩子的情绪状态,如:'妈妈知道你现在很生气,因为我也有过类似的经历。不过,说脏话是不对的,因为这会让听到的人感到很难过,你可以试着这样说:'我很生气，因为……'这种方式有助于孩子学会用积极、正面的语言表达情感。

"父母还可以借助游戏消除孩子的情绪问题。正如《游戏力》一书中提到的，当孩子通过说狠话宣泄情绪时，父母可以通过幽默诙谐的方式化解其负面情绪。如孩子生气地说'臭妈妈，我再也不喜欢你了！'父母可以采用孩子喜爱的游戏形式与其互动。可以紧紧地抱住孩子，假装哀求道：'不要嘛，我真的很想和你一起玩，求求你别不理我，我会很难过的。'通过这种方式，让孩子感受到来自父母的爱，其不良情绪便会自然消解。

"（3）适当给孩子立规矩。通过设立规则，帮助孩子学会尊重父母及长辈，同时也需让孩子体验到被尊重的感受。父母应以身作则，杜绝自身使用粗俗语言的行为，并与孩子共同制订家庭守则。例如，若孩子频繁使用语言恶意攻击他人，家长可规定：每说一次不礼貌的话语，将减少其观看动画片或玩耍的时间。在执行规则时，父母务必坚持原则，让孩子明确知晓说脏话的后果。同时，父母要以身作则，确保自己始终遵守规则，避免言行不一。可以这样对孩子说明：'宝贝，说脏话会让大家都不舒服，我们一起制订一条家庭规定——不能说脏话，妈妈会和你一起遵守这条约定，好吗？'

"（4）及时给予表扬。当听到孩子使用美好的词或语句时，父母要及时给予表扬。在表扬孩子时，应尽量具体描述其行为，而非泛泛而谈。例如，不要简单地说'你真棒'，而是具体指出你用'我很难过'这样的词语来表达自己的感受，真的很棒！这让我知道你能够很好地控制自己的情绪。这种表扬更具针对性和说服力。在表扬之后，父母可进一步鼓励孩子继续使用积极的语言。例如，可以说：'我很高兴你能用这样的方式表达自己。我相信你一定会继续保持，对吗？'这样的鼓励能增强孩子的自信心，使其更倾向于使用正面语言，从而逐步取代'诅咒语言'。"

小阳妈妈说："谢谢李老师，我会按照您说的方法去做。"

李老师回应道："不客气，相信在家庭与学校的共同努力下，小阳一定能够顺利度过这一阶段。"

在语言学习的过程中，孩子通过不断观察与模仿，逐步掌握语言的使用方法并加深对其的理解。当孩子进入"诅咒敏感期"时，我们无须过度焦虑，也不应轻易将其行为与"道德发展"等概念挂钩，而是要耐心倾听孩子的表达，理解其行为背后的动机，鼓励孩子使用恰当的语言来表达情感，用孩子感兴趣的方式帮助其平稳度过这一特殊时期。

园长讲育儿故事——献给优秀的父母

习惯 | 交往

学会交好朋友

　　幼儿进入小班阶段，正处于从个体生活向集体生活过渡的关键期。虽然部分幼儿已表现出与同伴交往的意愿，但多数尚未掌握相应的社交技能。培养良好的同伴交往能力，是帮助小班幼儿顺利适应集体生活、获得积极入园体验的重要途径。

　　9月的一个清晨，苏老师和往常一样，早上7:30准时来到幼儿园门口迎接孩子们入园。孩子们礼貌地问候："老师早上好！""医生姐姐早上好！"同时也跟爸爸妈妈道别："爸爸再见！""妈妈下午见！"家长们也开心地回应着："在幼儿园要听老师的话""妈妈下午第一个来接你"……看到家长和孩子们脸上洋溢着开心、幸福的笑容，苏老师倍感欣慰。

　　突然，幼儿园侧门传来一阵撕心裂肺的哭喊声："妈妈，我不要上幼儿园！"只见一位小班家长抱着孩子匆匆走来。怀中的孩子用力挣扎，抗拒入园。苏老师见状，一边立即上前安抚，"妈妈下午会早点来接宝贝"，一边准备接过孩子。然而孩子见到老师要来抱她，更加用力地抓住妈妈的衣服，哭喊间甚至揪住了妈妈的头发。妈妈既焦急又无奈："都两个星期了，怎么还不适应？还要闹到什么时候？"这时老师察觉到强制分离可能适得其反，于是急忙上前，建议妈妈先抱着孩子在晨检观察区稍作停留。她蹲下身，柔声说道："宝贝认识我吗？我是苏老师。苏老师和妈妈一样爱你，我知道你叫嫣嫣，还知道你最喜欢 Hello Kitty。"孩子的哭声渐弱，疑惑地望向妈妈，妈妈会意地点头附和："苏老师知道你很爱妈妈，舍不得和我分开，那你不哭，好好抱着妈妈。"转而对老师倾诉："苏老师，这样下去不是办法。孩子已经连续哭闹 8 天了，早上上学哭，下午放学哭，晚上睡觉还吵着第二天不上幼儿园。我也已经按照幼儿园给的建议，该哄的哄，该坚持的坚持，但收效甚微。看着她这么瘦小，我真担心身体吃不消。要不，我们退学吧。"说着不禁落泪。孩子见状哭得更加厉害，场面一度失控。

苏老师轻拍家长肩膀安慰道："入园适应是孩子成长的必经阶段，对家长而言也是一场修行。您能坚持 8 天已经很不容易了，我完全理解您心疼孩子的心情。请把孩子交给我，让我来试试好吗？"家长一边擦拭眼泪，一边点头。苏老师俯身贴近孩子耳畔，轻声说道："嫣嫣，妈妈上班要迟到了，我们先让妈妈去上班，今天你先跟着苏老师，我们一起等妈妈下班来接你，好吗？嫣嫣是个懂事的孩子，一定不想让妈妈担心的，对不对？"苏老师用温暖而坚定的目光注视着孩子，同时温柔地抚拍孩子的后背。嫣嫣哭声渐弱，苏老师把握时机说道："嫣嫣，再抱妈妈一下，然后勇敢地和妈妈说再见。老师会一直陪着你！"苏老师和妈妈一起从一数到十，然后妈妈坚定地和嫣嫣道别。

苏老师践行承诺，并未立即将孩子送往班级，而是将其带在身边，放置好书包后，她向孩子说明："嫣嫣，老师现在要去巡视各个班级，你和我一起去看看吧。"第一站来到大二班，恰逢晨间谈话活动，一位幼儿正分享昨晚与好友共庆生日的经历："我们一起许愿、吹蜡烛、切蛋糕，吃完蛋糕后一起在客厅玩奥特曼玩具，一直玩到晚上 11:30 才洗澡睡觉。"苏老师走过去说："轩轩，难怪今天有黑眼圈呢，原来是昨天和好朋友一起过生日了，老师祝你生日快乐，也祝愿你们的友谊长存。不过以后可不能这么晚睡觉哦，要不然真要变成小熊猫啦！"这番话语引得全班哈哈大笑。离开大二班时，苏老师故意嘟囔着："真羡慕轩轩和畅畅，他们既是同班同学又是好朋友，每天可以在一起上学、放学、吃饭、睡午觉，真是太好了。"嫣嫣瞪大眼睛看着老师，没有说话。

随后来到中一班，班上正在开展"玩具分享日"活动。可欣正向大家展示从香港带回来的艾莎公主玩具，表示要与琪琪分享。苏老师问她："为什么选择与琪琪分享呢？"可欣回答："因为她是我的好朋友。""那好朋友之间还能一起做什么事呢？"苏老师继续追问。可欣高兴地回答："我们一起唱歌、跳舞、踢足球、做操，去哪里都要手拉手。"苏老师转向嫣嫣："和好朋友一起可以做这么多有趣的事呢，嫣嫣说是不是？"这一次，沉默的嫣嫣露出了会心的微笑。

转眼来到小二班，班主任正组织幼儿开展区域活动。嫣嫣紧拽苏老师衣角，摇头表示不愿进去。苏老师发现"娃娃家"新增了 Hello Kitty 玩偶，便引导道："看，'娃娃家'今天好像又添置了新玩具，那个大大的 Hello Kitty 真可爱，老师都想抱抱它。"说着便牵起嫣嫣径直走向"娃娃家"。"小朋友们，我和嫣嫣可以加入吗？"苏老师故意提高音量询问。"可以的，那你们就当宝宝吧，茜茜想当妈妈。"畅畅小朋友戴着"爸爸"头饰，煞有介事地为苏老师和嫣嫣分配角色，并有模有样地说道："待会儿'爸爸'要出去上班，你们在家要乖乖听'妈妈'的话哦。"话音刚落，他就拎起公文包"上班"去了。茜茜"妈妈"看着苏老师、嫣嫣和另外一个"宝宝"说："这么多'宝宝'，我照顾不过来。"苏老师适时提议，用充满信任的语气说："嫣嫣愿意帮茜茜'妈妈'的忙吗？你也当'妈妈'，好吗？"见嫣嫣点头又补充道："但是你要自己问问茜茜，问她同不同意，还要请她教你怎么当'妈妈'。"由于是同班伙伴，嫣嫣比较熟悉自己班上的同学，所以小声地问了茜茜，茜茜指着苏老师说："可以呀，那你照顾这个'大宝宝'吧。"茜茜对着嫣嫣说："这个'大宝宝''生病'了，要带她到床上休息，再去'厨房'煮粥给她吃，我去打电话给'爸爸'，让他回来送'宝宝'去医院。"说罢，茜茜走到电话机旁，开始打电话。看到嫣嫣还没有进入游戏状态，苏老师连忙配合着，并着急地说："茜茜'妈妈'，嫣嫣'妈妈'

好像不会煮粥，你愿意帮她一下吗？我快饿坏了。"茜茜立即拉着嫣嫣来到"厨房"，教嫣嫣"洗锅""切菜""点火""熬粥"，两人在"厨房"忙得不亦乐乎。不久，热腾腾的一碗"粥"就做好了。她们俩一人扶着苏老师坐起来，一人端着粥喂苏老师，喝完"粥"后，苏老师说感觉好多了。

游戏结束后，苏老师示意班主任老师邀请茜茜和嫣嫣分享游戏体验。茜茜兴奋地讲述与嫣嫣一起照顾了'生病的大宝宝'的过程。嫣嫣站在茜茜旁边，频频点头。班主任老师表扬两个小女孩在游戏中表现出的规则意识与关爱行为。这种游戏中的正向强化与活动后的特别关注，有效提升了嫣嫣的正面情绪与活动热情。

很快到了全班盥洗时间，苏老师注意到茜茜主动牵着嫣嫣的手，两人并肩而坐。苏老师倍感欣慰，相信在开朗的茜茜的带动下，嫣嫣定能顺利适应幼儿园生活。确认嫣嫣情绪稳定后，苏老师悄悄地离开了班级。午餐巡视时，苏老师再次观察到两个小女孩坐在一起共同进餐，餐后共读绘本的场景。午睡时段，两人更是相伴入眠。下午户外活动时间，茜茜带着嫣嫣有说有笑地一起把小足球捡进足球筐，并合力搬运地垫至器材库。苏老师确信嫣嫣已找到幼儿园的玩伴，且已成功建立同伴关系，随即通过照片和视频向家长反馈孩子的在园表现，并邀请嫣嫣妈妈提前来园，亲自看看嫣嫣的状态。

下午四点，嫣嫣妈妈如约而至。此时孩子们正在和班主任老师一起做离园分享活动，班主任老师请嫣嫣分享今天在幼儿园遇到的开心的事，嫣嫣在班主任老师的引导下，开心地告诉小朋友们，她今天交到了一个好朋友——茜茜，今天和茜茜一起"做饭"、一起"吃饭"、一起玩足球……苏老师在一旁适时介入："嫣嫣喜欢你的好朋友吗？"孩子腼腆地点头微笑。为强化入园动机，苏老师进一步引导："你们明天一起去美工区画一幅画，送给自己的好朋友，可以吗？"苏老师得到肯定答复后追问："想画什么呢？"嫣嫣脸上露出一丝笑容："我要画一根棒棒糖送给茜茜。"苏老师顺势建立约定："那我们拉钩，明天老师要看看嫣嫣的棒棒糖是什么颜色的。"看见嫣嫣点头，苏老师才放心地告诉嫣嫣，妈妈来接她了。嫣嫣看到妈妈在窗户外，于是开心地和妈妈挥手打招呼。背上书包的嫣嫣迫不及待地与妈妈分享："妈妈，我今天交到了一个好朋友，她叫茜茜……"妈妈开心地回应道："那明天上幼儿园还哭吗？""不哭了，因为我明天还要画画给茜茜呢！"

嫣嫣妈妈看着苏老师，感激地表示："真没想到嫣嫣也能像其他宝贝一样这么快适应集体生活，不仅能愉快地参与活动，还能主动与他人建立友谊。之前我甚至考虑过办理退园，现在看来是我多虑了，衷心感谢老师们的引导。"

"嫣嫣妈妈，我特别理解您的心情，现在开学才两周，孩子不愿意来幼儿园的原因可能涉及多个方面，如和爸爸妈妈的分离焦虑，对幼儿园一日生活的不适应，以及家长过度关注带来的隐形压力。通过两周的观察，我发现嫣嫣晨间哭闹既受您焦虑情绪的影响——这反映出家长对孩子适应情况的普遍担忧，也与她在同伴交往中的被动性有关。为此，今天我特意安排活泼的茜茜带动嫣嫣，积极促成她们建立友谊关系。从全天互动来看，两位幼儿相处融洽。请您放心，我们会持续关注并引导孩子的社交发展。请您放心把孩子交给我们吧！"

这时妈妈也意识到，自己的焦虑情绪也会影响到孩子，连忙说道："您分析得对，我确实过于焦虑了。看来我需要调整自己的情绪，多鼓励孩子适应集体生活。"

与嫣嫣妈妈真诚交流后，苏老师从专业角度提出以下建议：引导孩子回忆并分享幼儿园的愉快经历，通过正向话题强化入园积极性；多带孩子到小区玩耍，增加其与小区同龄儿童互动的机会；周末带孩子参与一些集体亲子活动，如邀请幼儿园同班的孩子来家里或组团出行，锻炼孩子的社交能力；家长积极主动地与老师进行家园互动，既可以了解到孩子的在园情况，也可以配合老师的教育方案，帮助孩子更快适应幼儿园生活。

孩子不是天生就会交朋友的，尤其是小班的幼儿，刚刚进入集体生活，在与同伴相处的过程中，他们有强烈的交往愿望，但内心也会存在各种疑问：怎样才能跟小朋友一起玩？同伴不理我该怎么办？苏老师通过带着孩子亲身实践示范，为幼儿的交友之路提供引导，潜移默化地让孩子在现实情境中学会正确的交友方式。在"认识朋友—解决小矛盾—主动交朋友"这个过程中，苏老师始终关注着幼儿情感和能力发展的需要，一步一步从激发幼儿交往的情感愿望，到学会交往的小本领，再到享受交往的快乐，和孩子一起慢慢建构与他人交往的过程，最终孩子们体验到了和好朋友在一起的乐趣，从而激发了孩子上幼儿园的兴趣。

后 记

在编写《园长讲育儿故事——献给优秀的父母》一书的过程中，我们始终以《中华人民共和国家庭教育促进法》为指引，围绕道德品质、身体素质、生活技能、文化修养、行为习惯五个方面，精心撰写了三十个育儿故事。通过生动的情节设计和深入透彻的分析，旨在帮助父母更好地应对孩子成长过程中面临的各种挑战，为父母提供兼具故事性、实用性与指导性的科学育儿参考书籍。

这三十个故事宛如三十颗璀璨的明珠，串联起孩子成长历程中的点滴片段，既映照出他们在成长道路上经历的诸多困难与磨炼，也彰显了家庭教育的深远影响与独特魅力。

在本书的编写过程中，我们有幸得到了东莞市林晓红名园长工作室全体成员的鼎力支持与协助，他们分别是东莞市清溪镇荔横幼儿园李莹敏副园长、东莞市清溪联升第二幼儿园陈晓椰副园长、东莞市清溪镇荔横幼儿园何秋妹主任、东莞市清溪镇重河第一幼儿园郑敏园长、东莞市樟木头英豪幼儿园苏小容园长、东莞市塘厦水霖宏丽幼儿园梁二华园长、东莞市清溪水霖胜皇幼儿园马曼凯园长、东莞市桥头山河幼儿园吴海丽园长、东莞市清溪镇重河第一幼儿园付美蓉主任、东莞市清溪联升第二幼儿园邓文兰主任、东莞市清溪联升第二幼儿园林晓如主任、东莞市清溪联升第二幼儿园许军霞老师。他们的真知灼见与宝贵经验为本书注入了鲜活的生命力。

后 记

我们深切认识到家庭教育的重要性，以及家长在孩子成长过程中不可或缺的关键作用。每一个故事的背后，都凝聚着他们无私的奉献精神与专业的智慧结晶，对此，我们深表感激。同时，我们还要特别感谢东莞市中小学家庭教育与心理健康教育指导中心的张润林老师，他为了东莞市林晓红名园长工作室全体成员的成长倾注了大量心血，三年来始终坚持指导，正是他的专业智慧和努力付出，让我们在家庭教育事业的探索之路上更加坚定与自信，才使本书得以顺利完成。

尽管我们力求完美，但由于编者均为一线幼儿教育工作者，本书更多从实践者的视角出发，注重内容的操作性、实用性和针对性，因此相关理论阐述可能缺乏深度和广度，表达方式也可能有所欠缺。敬请专家和同行们不吝批评指正，以便我们在家庭教育指导的道路上不断前行，为更多父母提供科学、有效的育儿方法。我们坚信，《园长讲育儿故事——献给优秀的父母》将成为父母育儿旅程中的得力助手。

编 者

2025 年 3 月